——————————— 님의 소중한 미래를 위해
이 책을 드립니다.

나를 행복하게 하는
자기사랑의 기술

나르시시즘을 극복하는 심리 치유법

나를 행복하게 하는
자기사랑의 기술

이계정 지음

소울메이트

소울메이트 우리는 책이 독자를 위한 것임을 잊지 않는다.
우리는 독자의 꿈을 사랑하고,
그 꿈이 실현될 수 있는 도구를 세상에 내놓는다.

나를 행복하게 하는 자기사랑의 기술

초판 1쇄 발행 2018년 3월 25일 **│ 지은이** 이계정
펴낸곳 ㈜원앤원콘텐츠그룹 **│ 펴낸이** 강현규 · 정영훈
책임편집 김윤성 **│ 편집** 심보경 · 이가진
디자인 최정아 · 홍경숙 **│ 마케팅** 한성호 · 안대현
등록번호 제301-2006-001호 **│ 등록일자** 2013년 5월 24일
주소 06132 서울시 강남구 논현로 507 성지하이츠빌 3차 1307호 **│ 전화** (02)2234-7117
팩스 (02)2234-1086 **│ 홈페이지** www.soulmatebooks.co.kr **│ 이메일** khg0109@hanmail.net
값 15,000원 **│ ISBN** 979-11-6002-107-3 03180

이 도서의 국립중앙도서관 출판시도서목록(CIP)은 e-CIP홈페이지(http://www.nl.go.kr/ecip)에서
이용하실 수 있습니다.(CIP제어번호 : CIP2018008439)

자신에게서
행복을 찾기란 쉽지 않다.
그렇다고 해서
그것을 다른 데서 찾는다는 것은
불가능하다.

• 아그네스 리플리에(미국의 수필가) •

자기사랑의 기술,
그 어느 때보다 절실하다

공감불능의 사회를 외친 지 오래, 이제 사람들은 지나치게 공감하는 사람들을 시대착오적이며 부적응의 표본으로 본다. 나 하나 먹고 살기도 힘든 세상에서 누굴 배려하란 말인가. 내 마음도 알 수 없이 막막한데 상대의 마음을 알아줄 여유를 찾기란 힘들기 그지없다. 더불어 심리상담의 수요는 점점 늘고 있다. '역시 돈을 주고 내 이야기를 해야지'라는 씁쓸한 한마디에 상담자들은 웃어야 할지 울어야 할지 종종 혼란스럽다. 서로 좀 덜 챙기더라도 각자 스스로를 잘 보호하고 경계를 지킨다면 다툼 없이 평화로운 세상이 될지도 모르겠다.

그럼에도 불구하고 상담의 수요가 는다는 건 무슨 의미일까? 분명한 건 현재 우리가 평화롭지 않다는 것이다. 분쟁은 점점 늘어나고 사람들은 외롭다. 문제는 공감하지 못하는 세상에서 나 역시 행복할 수 없다는 것이다. 친구에게 하소연을 하는 것과 상담자와 대화하는 것은 다르다. 상담의 주제는 '나'이다. 관계에 집착하거나 지나치게 거리를 두는 것, 일이나 도박, 알코올 등에 중독되는 것, 상실과 좌절을 견디지 못하는 것 등은 모두 자존감의 문제, 즉 '나와 나의 관계'가 어떤지를 고민하게 만든다.

상담은 '나 스스로를 존중하는 마음'을 갖기 위한 과정이다. 나의 못난 모습도 잘난 모습도 무엇이든 있는 그대로 수용하고 부족한 채로 삶에 뛰어드는 것. 행복한 순간을 잘 알아차리며 '살 맛 난다!'라고 말할 수 있게 되는 것이 상담의 목표이다. 그것이 비록 순간에 그치게 될지라도 말이다. 또 다른 좌절이 오면 다시 상담을 받고 확인하면 된다. '그럼에도 불구하고 삶은 소중하다'라고.

그렇다면 자기를 사랑하는 '자기애', 즉 '나르시시즘'은 왜 문제가 되는가. '나르시시즘'은 자기를 지나치게 사랑해서 병이 되는 현상을 말한다.

19세기 후반 성의학자 해브록 엘리스(Havelock Ellis)는 동성애[1]를 자기사랑의 병리현상으로 설명하면서 처음으로 나르키소스의 신화를 인용하였다. 헤라 여신의 벌로 대화 능력을 잃은 요정 에코는 나르키소스를 사랑하게 된다. 남의 말을 반복할 수밖에 없는 에코는 철저히 이기적인 나르키소스를 끝내 가까이 하지 못한다. 한편 목이 마른 나르키소스는 물가에서 물을 마시려던 중, 자기 자신의 모습을 깊이 사랑하게 되고 결국 물에 빠져 죽게 된다는 비극적인 이야기. 이후 나르시시즘(Narcissism)은 옥스퍼드 영어사전에서 '병적인 자기사랑 또는 자기감탄'으로 정의하고 있다.[2]

왜 그토록 지나치게, 죽음에 이르기까지 자기를 사랑해야만 했을까? 지나친 집착의 이면에는 2가지 감정이 발견되는 경우가 흔하다. 그것은 불안과 분노이다.

사랑받지 못할까봐 불안해서 '나 이렇게 괜찮은 사람이야!'를 드러내려 애쓰는 것은 아닐까? 혹은 '분노'인지도 모르겠다. 나를 자기만족의 도구로 사용하며 독립을 방해했던, 불행한 삶을 자식 탓으로 돌렸던 '양육자'에 대한 분노가 상대를 돌아볼 공감능력을 마비시켰다면? 오랫동안 부모에게 이용당한 아이라면 성인이 되면서 피해의식도 함께 자랄 수 있다. 즉 상대방의 행동에서 나를 이용하려는 의도를 귀신같이 찾아내고 분노한다. 때로 상대에 대한 불신은 망상에 가까워서 쉽게 사라지지 않는다. 이런 배경이라면 그의 분노에 상처받은 상대를 공감할 수 없다는 것은 자연스러워 보인다. 결국 '나르시시즘'은 자기를 사랑하지 못하는 데서 비롯되는 마음의 병이다.

필자는 그간 상담 경험을 통해 그리고 앞으로 소개될 이론을 바탕으로, 취약한 자기가 건드려졌을 때 '분노'하는 사람들과 '불안'한 사람으로 나눌 수 있다고 보았다. 따라서 이 책에서는 우선 거만해보이지만 나약한 자기를 지키려 시도 때도 없이 분노하는 나르시시스트와 수줍고 겸손하지만 공허한 자기 안에서 불안에 떠는 나르시시스트들을 사례별로 나열했다. 자기애성 성격장애로 진단 내릴 정도는 아니지만 자기애적 성향으로 빚어지는 문제들을 살펴보고, 주된 감정 이면의 좌절된 욕구에 초점을 두고자 한다. 이는 자기심리학자 코헛(kohut)[3]이 강조한 '공감(Empathy)'의 과정이 될 것이다.

PART 1에서 상대와 나를 어느 정도 공감할 수 있었다면, 이를 어떻게 해결할 것인지 그 해법을 PART 2에서부터 다룬다. PART 2에서는 먼저 PART 1의 각 사례에서 언급된 심리학 용어들을 이해하기 쉽게 풀어쓰고자 했다. 나르시시즘, 즉 지나친 자기사랑으로 인한 마음의 병을 치유할 수 있는 실마리를 심리학 용어에서 찾아보는 부분이다. 비교와 경쟁이 기본이 되는 현대 사회에서 평가에 민감해질 수밖에 없는 우리들은 누구나 조금씩은 나르시시즘의 성향을 갖고 있다.

따라서 PART 3에서는 내가 갖고 있는 자기애적 성향을 어떻게 하면 변화시킬 수 있는지 '자가 치유법'을 정리해보았다. 여기서 한발 더 나아가 나르시시즘에 대한 보다 전문적인 이해를 원하는 독자들을 위해 PART 4에서 이론적인 내용을 다루었다.

어려운 개념이지만 우리가 흔히 접할 수 있는 상황들을 이해하면서 나와 상대를 공감하고 치유할 수 있는 희망이 되었으면 한다. 자기 안에서 빠져나와 누군가를 사랑할 수 있는 삶이 얼마나 큰 축복인지 깨닫고, 진정한 자기사랑을 통해 행복에 이르는 길을 찾는 과정이 되면 좋겠다.

대학원에서 상담심리를 전공하며 정남운 교수님의 '대상관계 이론'이란 수업을 들었다. 그때 만난 코헛(Kohut)의 이론, 우리에게 평생 '자기대상(Selfobject)'이 필요하다는 말과 '공감의 실패를 공감'한다는 상담자의 개입이 너무 따뜻했다. 아마 정남운 교수님의 감동적인 수업을 듣지 못했다면, 상담자의 길을 포기했을 지도 모르겠다. 그만큼 상담자로 사는 일이 내게 버거웠다. 자꾸만 내 문제가 건드려졌기 때문이다. 보다 윤리적인 전문가가 되기 위해, 나아가 주변 사람들에게 상처를 주고 스스로에게 실망하는 일을 그만두기 위해 좀 더 치열해져야 했다. 진실하게 나를 사랑하고 누군가를 사랑하는 능력을 키우는 것은 생각보다 어렵다. 그리고 그만큼 가치 있는 일이라는 것을 알기에 이 책을 쓰는 데에 공을 들였다.

　무리하게 글을 쓰겠다고 덤볐다가 가족들을 힘들게 했다. 긴 시간 동안 버텨준 남편과 아들에게 미안하고 고맙다. 더불어 부족한 나를 믿고 글을 맡겨주신 도서출판 소울메이트 임직원들에게 깊이 감사드린다. 상담자로 사는 것은 기꺼이 삶을 나눠주고 용감하게 한 걸음 나아가주는 내담자들이 있기에 가능한 일이다. 그 소중한 인연들 덕분에 지금의 내가 있다. 특히 이번 책을 쓰면서는 본인의 이야기를 얼마든지 인용하라고 제안해준 H의 도움을 받았다. 이 기회를 빌어서 감사의 말을 전하고 싶다.

공감의 실패를 거듭하게 되는 이 시대에 그 실패를 공감하는 과정이 있다면, 좀 덜 외롭게 서로 보듬으며 함께 행복할 수 있지 않을까. 그러한 과정에 이 책이 조금이나마 도움이 되길 진심으로 바란다.

이계정

나르시시즘은 어려운 개념이지만
우리가 흔히 접할 수 있는 상황들을 이해하면서
나와 상대를 공감하고 치유할 수 있는
희망이 되었으면 한다.

자기사랑의 기술이 나를 행복하게 한다

PART 3

자기사랑을 막는 나르시시즘, 어떻게 치유할 것인가?

PART 4 ▶

자기사랑을 위해 나르시시즘에 대한
전문적인 이해가 필요하다

나르시시즘은 '병적인 자기사랑 혹은 자기 감탄'으로 정의된다. 자기 모습에 도취되어 결국 죽음에 이르렀던 신화 속 나르키소스처럼 지나친 자기사랑은 스스로를 파괴한다. PART 1에서는 우리 사회에서 흔히 볼 수 있는 나르시시즘의 문제를 상담 사례와 영화 속 장면들을 통해 이해해보고자 한다. 누가 봐도 거만하고 자기중심적인 사람들은 타인을 공감하지 못하고 쉽게 분노한다. 반면 겉으로 드러나지 않지만 내면에 거대 자기를 감춘 사람들은 진실된 자기를 숨긴 채 불안해한다. 분노하고 불안해하는 나르시시스트에게서 찾아볼 수 있는 마음들을 6가지 사례로 분류해보았다.

PART 1

자기사랑의 가장 큰 방해물은 나르시시즘이다

자기사랑의 가장 큰 방해물은
나르시시즘이다

| 1장 |

자기사랑의 방해물 1_분노

참는 것이 미덕이던 과거에는 한국사람들만의 독특한 병으로 '화병'이 언급되기도 했다. 그러나 최근에 와서는 '분노조절장애'란 말이 생길 만큼 많은 이들이 화를 못 참는다. 무조건 참는 것도 답은 아니지만 화가 난다고 폭력적인 언행을 일삼는 것 역시 큰 문제다. 이때 상대방의 마음을 공감할 수 없는 자기애적인 사람이라면 어떨까? 아마 더 쉽게 분노를 표현하고, 그에 대한 상대의 반응을 이해하지 못할지도 모르겠다. 더군다나 이들의 분노는 일반적으로 공감하기가 쉽지 않다. 이번 장에서는 분노하는 나르시시스트의 마음속에 어떤 생각과 감정이 존재하는지 살펴보고자 한다.

세상의 중심은 바로 나: 자기몰두와 시기심
"내 이야기가 아니면 재미없어"

남의 말을 듣지 못하고 지루하게 자신의 이야기를 쏟아내는 사람들,
자기를 부풀리고 타인의 찬사를 기대하는 마음 이면에 감추어진 '시기심'이 소통을 방해한다.

A는 오랜만에 만난 친구 B와의 대화에서 묘한 불쾌감을 느꼈다. 불혹의 나이에 접어들면서 부쩍 울적해진 A는 우연히 만난 옛 친구에게 자신의 이야기를 들려주고 싶었다. 만나기 전까지는 어릴 적부터 친하게 지냈던 친구니까 편하게 모두 털어놓으면 마음이 가벼워질 거라 예상했는데, 시간이 갈수록 생각과는 다르게 가슴이 답답해지고 조금 화도 났다. 어느 순간부터 대화는 더이상 이어지지 않았고, 결국 서로 묵묵히 술을 마시다가 찝찝하게 헤어졌다. 술을 많이 마셨는데 취하지도 않았다.

A의 불쾌감은 어디에서 비롯된 것일까? A의 친구 B는 상대방

이 하는 모든 말을 자기상황에 빗대어 설명하곤 했다. 예를 들면 이런 식이다. "나 이번 승진시험에서 탈락할 것 같아"라고 말하면, "나도 지난번에 그랬잖아. 그때 얼마나 쪽팔리던지. 한 해를 겨우 버텼네. 올해 승진발표가 났는데 말야…"로 시작해서 20여 분간 최근 직장에서의 자신의 위치를 설명한다. "집에 돌아가도 편히 쉴 수 없고 삶이 너무 고단해"라는 푸념엔, "야, 그래도 넌 혼자잖냐. 나보다 낫지. 난 집에 돌아가서 애 씻기고 밥 먹이고 숙제 봐주고…. 진짜 일이 너무 많아 죽겠다"로 시작해서 가정에서의 불만을 30여 분간 늘어놓는다.

힘든 마음을 털어놓고자 만난 친구와의 술자리에서 A가 자신의 이야기를 한 것은 고작 대여섯 마디 정도였다. 그 외에는 온갖 불평불만을 늘어놓는 친구의 말에 맞장구쳐주는 것이 전부였다. 반박이라도 하려고 하면 말이 더 길어질 판이니 그저 묵묵히 "네 말이 맞다"고 수용하는 수밖에 없었다. 다시는 B와 만나지 않겠다고 결심했지만, 말할 때는 열변을 토하다 쓸쓸히 돌아서는 뒷모습을 보니 그 마음이 수그러들었다. 게다가 A에 대한 칭찬으로 술자리를 마무리하는 B의 술버릇도 한몫 거든다. 결국 A는 또다시 만나자는 B의 전화에 일말의 기대를 걸고 나갔다가 자신의 이야기는 제대로 하지 못하고 꼬리잡기 식으로 이어지는 친구의 푸념을 들어주게 될 것이다.

내 이야기를 꺼냈는데 결국 상대방의 이야기를 듣게 되는 경우가 있다. 평상시에 주로 듣는 역할을 하는 사람들은 더욱 그렇다. 그들은 상담에 와서도 자신의 이야기를 하는 것 자체를 어색해한다. 하지만 그런 그들도 매주 한 번씩 자신의 이야기를 하다 보면 금세 익숙해진다. 그리고 심지어 할 말이 매우 많다!

이토록 우리는 알게 모르게 자신의 이야기를 즐긴다. 듣는 것을 잘한다는 사람들도 알고 보면 그저 갈등을 피하고 싶거나, 거절당할까봐 두렵거나, 보잘 것 없는 자신의 모습이 들켜버릴 것에 대한 두려움이 있는 경우다. 그만큼 상대방의 말에 주의를 기울이는 것은 쉽지 않은 일이다. 그럼에도 불구하고 우리는 듣는다. 그에게 관심이 있고, 힘들어 하는 그를 돕고 싶고, 그를 사랑하기 때문이다. 그렇다면 상대의 이야기를 듣는 것도 자기 이야기를 덧붙이는 방식으로만 가능한 이들은 결국 타인에 대한 궁금증이나 공감능력이 부족한 것이 아닐까?

현대정신분석학자 오토 컨버그(Otto Kernberg)는 그의 책 『경계선 장애와 병리적 나르시시즘』에서 '자기애적 성격'에 대해 다음과 같이 기술하고 있다.

"타인과 상호작용할 때 유별나게 자기를 언급하고 타인의 사랑과 감탄을 받고자 하는 욕구가 강하다. 그리고 자신을 매우 부풀리면서도 타인의 갈채를 받고자 하는 욕구가 지나치다는 점이 겉보기에 이상한 모순처럼 보인다. 이들의 정서생활은 피상적이다. 타인의 감정에 거의 공감하지 못하고 타인에게서 받는 찬사나 자신의 거대 환상 외의 다른 생활에는 즐거움이 거의 없으며, 외적인 화려함이 줄고 자기중요성을 만족시킬 자원이 더이상 없으면 안절부절못하고 지루해 한다. 타인을 시기하고, 자기애적 지지를 해줄 것이라 기대하는 사람을 이상화하며, 종종 전에는 우상이었지만 기대할 것이 없는 사람을 비하하고 경멸한다."[4]

대화를 나누고 싶은 것이 아니라 주목받고 싶어서 시작한 이들의 이야기는 결국 상대방을 지루하고 지치게 만든다. 그리고 어쩌면 말하는 본인들 역시 지루할지도 모른다. 상대방의 이야기를 들을 수 없는 사람들에게는 세상의 모든 가치들이 의미가 없다. 아니, 나를 더욱 빛나게 하는 세상만 선택적인 가치를 지닌다. 그들은 자연스럽게 나와 다른 상대방을 이해할 수 없고, 수용할 수 없으며, 때론 존중할 수도 없다. 다만 내 이야기를 들어주는 사람, 나를 인정해주고 지지해주는 사람에 대해서는 관대하다.

A의 친구 B는 자기보다 잘나보이는 사람에게는 별다른 이유 없이 벽을 세우고 불편한 감정을 느끼지만, A처럼 편히 자기 말을 할 수 있는 사람에게는 일방적으로 애정을 표현한다. 대신 나를 인정해달라고, 지지해달라고 무언의 압박을 주며 그렇지 못한 순간에는 실망하고 심지어 화를 내며 무시한다.

트위터·페이스북·카카오스토리·인스타그램 등 실시간으로 나의 상태를 알리고 반응을 받아볼 수 있는 SNS(Social Network Service)는 유혹적인 공간이다. 얼마든지 나를 포장할 수 있기 때문이다. 그것도 아주 그럴 듯하게, 부자연스러운 상황을 가장 자연스럽고 가장 순수하게 표현할 수 있다. 우리는 알 수 없다. 그가 올린 사진이 수십 장의 셀카 중 단 한 장의 그럴 듯한 작품인지, 그가 쓴 한 줄의 무심한 문장이 수십 번 쓰고 지운 그의 인생 문장인지 눈치챌 수 없다. 따라서 주목받고 싶은, 내 삶이 세상의 전부여야 하는 나르시시스트들에게 그만한 도구는 없는 것이다.

　그러나 자연스러워 보이는 한 장의 사진을 위해 너무 많은 에너지를 쏟아야 한다. 그럴듯한 한 문장을 위해 하루 종일 고민해야 하는 것은 괴로운 일이다. 그래서 어쩌면 이들은 자연스럽게 한 줄을 쓰고 마는 평범한 능력자들을 비난하는지도 모른다. 순수하게 지인들을 끌어모으는 활기찬 SNS 활동가들을 말이다. 정확히 말하면, 자기 안에 갇혀 나를 지지해줄 사람들의 관심을 얻고자 노력하는 자기애적 성향의 사람들은, 사람들을 좋아해서 SNS를 통해서도 자연스럽게 소통하게 되는 사교적인 사람들을 시기하고 있는지도 모른다.

시기심(猜忌心, Envy). 국어사전에는 '남이 잘되는 것을 샘하고 미워하는 마음'이라고 정의되어 있다. 여기서 주목할 점은 바로 '미워하는 마음'이다. 시기심은 질투와는 다르다. 단순히 사랑받고 싶은 마음에 샘을 내는 것을 질투라고 한다면, 미워하는 마음인 시기심은 보다 적극적이고 결국 파괴적이다.

현대 정신분석학자 멜라니 클라인(Melanie Klein)은 시기심을 가장 원시적이고 근본적인 정서 중 하나로, 생애 초기부터 작동하는 유아의 파괴적 충동의 표현을 가리키는 용어로 설명하며 '죽음 본능이 정신적으로 표현되는 것'으로 보았다.[5] 유아는 엄마의 따뜻하고 안락한 젖가슴을 접해 좋은 대상을 경험하는 동시에 자신이 무기력하게 의존되어 있다는 사실 때문에 고통을 느낀다는 것이다. 시기에 찬 유아는 좋은 젖가슴을 공격하며 나쁜 것으로 변형시키고, 그럼으로써 의존의 욕구를 차단하고 고마운 마음을 없애버린다.

상대방의 이야기를 끝내 듣지 못하고 자기몰두의 극단을 보여주는 사람들, 무심한 척 돌아서고 투정부리는 사람들의 핵심 감정을 '시기심'이라고 생각해보자. 우리는 누구나 자라면서 세상의 중심이 되는 시절을 거치게 된다. 존재 자체로 사랑을 받는 어린 아기는 전적으로 양육자에게 의존한다. 그리고 조금씩 분리되고 독립할 때마다 찬사를 받는다.

그런데 이 시기에 독립할 자유를 박탈당했다면 어떨까? 아이를 믿지 못하고 모든 것을 대신 해주는 누군가가 있었다면? 그렇다면 찬사는 아이의 몫이 아니라 자연스레 부모 혹은 그밖의 다른 양육자의 몫이 된다. 찬사를 받아야 할 시기에 충분히 받은 아이들은 더이상 찬사에 집착하지 않는다. 그러나 독립의 자유를 빼앗겼던, 무기력하게 칭찬의 기회마저 박탈당했던 아이들이라면 늘 갈증이 날 것이다.

여전히 칭찬받고 싶어도 좋다. 그저 그런 자신을 인정하면 된다. 어린 시절 충분히 사랑받고 안정적으로 독립했던 사람이 얼마나 되겠는가. 대부분은 부족한 채로 부끄러운 모습을 인정하면서 살아간다.

SNS에 멋진 셀카를 올리려다가도 쑥스러워 그만두기도 하고, 그럴 듯한 인생 문장에 스스로 감탄하며 많은 사람이 봐주었으면 하고 은근히 기대하기도 하지만 그렇지 않은 현실에 잠시 울적해하기도 한다. 그래도 다양한 사람들을 만나 새로운 세상에 감탄하고 때론 소통할 수 있는 것이 즐겁기도 하다. 홀로 울적했다가 함께 기뻐했다가. 우리는 그렇게 이 완벽하지 않은 세상을 살아가는 것이다.

그러나 자기몰두에 빠져 있는, 시기심 때문에 객관적으로 상황을 보기 힘든 자기애적인 사람들은 이런 가벼운 대중과 함께할 수 없다. 내가 나약해서, 외롭고 칭찬받고 싶어서 내 이야기를 하고 친구를 찾는 것이 아니라 객관적으로 내가 특별해서, 남들과 좀 달라서 상대방을 일깨워주어야 한다고 생각한다. 누구보다 의존적이며 사람들의 눈치를 보는 자신을 인정할 수 없다. 그리고 결국 고독한 삶을 선택하게 된다.

» 〈나를 찾아줘〉, 당신은
반드시 나를 사랑해야 해!

〈나를 찾아줘〉 주연: 벤 애플렉, 로지먼드 파이크 감독: 데이빗 핀처 배급: (주)20세기폭스코리아

데이빗 핀처(David Fincher) 감독의 2014년 작 〈나를 찾아줘〉는 아내의 실종사건으로 감추어져 있던 가정의 문제들이 드러나고, 해결되지 않은 채 끝나는 결말로 관객들을 서늘하게 만든다. 실종된 아내, 주인공 에이미는 자신에게 시들해진 남편의 관심을 돌리기 위해 과감하게 실종사건을 꾸민다. 남편 역시 만만치 않아서 에이미가 설정한 연극 속에서 수동적으로 따라가지만은 않는다. 그 과정에서 자신의 목적을 이루기 위해 스스럼없이 거짓말을 하고 과감하게 자기를 숨기는 에이미의 태도, 결국 사람까지 죽이는 그녀의 행동은 잔인하다.

결말에서는 남편을 어떻게든 붙잡고 조종하려는 그녀의 결단에 소름이 끼친다. 과연 무엇을 위한 것일까? 이미 사랑은 없고, 서로의 자기애적 분노와 서슬 퍼런 시기심이 전부 드러난 상황에서 무엇을 위해 결혼생활을 유지하려고 하는지 잘 이해가 되지 않는다.

확실히 병적이다. 행복에 대해서, 삶의 가치에 대해서는 안중에도 없고 내가 이기는 것, 즉 누구보다 우월하고 강하다는 것을 증명하는 것만이 중요한 것처럼 보인다. 사랑은 감정인데 그것을 자기 마음대로 주입하려 든다. 그러고 보면 관심받고 싶고, 사랑받고 싶은 이들의 노력은 처절하다. 이토록 잔인하게 나와 타인을 속여야만 그럴듯한 사랑의 공동체에 자신을 포함시킬 수 있다는 것이 안타깝고 슬프다.

어쩌면 두려운지도 모르겠다. 허울뿐인 사랑이어도 그것조차 없이는 내 자신이 너무 초라할 것 같으니까. 애초에 느껴본 적도 없고, 무엇인지 알 수도 없는 진실한 사랑을 쫓는 일은 너무 위험하니까. 결국 이들도 사랑받고 싶은 한 사람일 뿐이다. 내가 사랑할 수 있는 능력이 얼마나 귀하고 또 행복한 것인지 아직 모르는 것일 뿐이라면 배우면 된다.

어떻게 하면 이들은 스스로를 옭아매는 자기몰두와 시기심의 굴레에서 벗어날 수 있을까? 그리고 진심으로 누군가를 사랑할 수 있을까?

거침없는 비난에 가려진 작은 나: 거만함과 열등감
"사람들이 피해를 주는 것은 참을 수 없어!"

거만한 자세로 평가의 잣대를 들이대며 비난을 퍼붓는 사람들, 대단함과 쓰레기의 세계에 살고 있는 이들은 열등감을 감추기 위해 상대방을 끌어내리고 대단한 존재가 되려고 애쓴다.

최근 동아리 선배와의 관계가 어려워진 C가 상담실을 찾아왔다. 그는 과거에도 상담실을 이용해본 적이 있다고 말하며 상담실 이용에 편견을 갖고 있는 사람들의 어리석음을 지적하는 것으로 상담을 시작했다. 선진국에서는 이미 보편화된 상담과 심리치료에 대해 그는 제법 유연한 생각을 갖고 있었고, 이를 따르지 못하는 한국의 분위기가 못마땅한 것 같았다.

그는 이러한 비난을 통해 자신이 속한 사회에서 좀더 앞서가는 사람이 되었고, 다른 사람들이 그를 우러러보도록 만들었다. 그렇지 않으면 평범한 사람들과 함께 상담자 역시 저평가될 위기에 처하는 것이다.

그의 호소문제는 결국 자신의 능력이 누구보다 뛰어난 데도 불구하고, 이를 잘 활용하지 못하는 동아리 회장의 무능함을 탓하는 것이었다. 회장인 그 선배는 효율적으로 일을 하지 못하고 의사결정을 제때에 해주지 않아 후배들이 능력을 발휘할 기회를 막아버린다는 것이었다. 그에게 선배는 성가신 사람일 뿐이다. 밥을 먹을 때도 불쾌한 소리를 내거나 불필요한 동작으로 기분을 상하게 만든다고 말했다.

그가 이토록 무능한 선배를 비난하게 된 계기가 있었다. 그동안 무르고 착한 사람이라 생각하고 봐주었는데, 그가 했던 과제를 선배가 스스로 한 것처럼 가로챈 일이 있었던 것이다. 자신을 특별하게 만들어줄 기회를 뺏었다고 생각하니 선배를 더이상 봐줄 수가 없었다. 내가 정말 존경할 수 있는 사람도 아니고 내 삶에 어느 정도 이용할 수도 없다면 비난받아 마땅한 존재가 되어버린다. 선배를 바라보는 C의 시각은 마치 벌레를 보는 것만 같았다. 대체 무엇이 그에게 한 인간을 이토록 모욕할 수 있는 특권을 주었는가?

때로 자기애적인 사람들은 대단함과 쓰레기의 세계에 살고 있다.[6] 다르게 말하면 평범한 세계가 없다. 따라서 쓰레기가 되지 않기 위해서는 스스로 대단한 존재가 되어야만 한다.

어린 시절 적절한 좌절 없이 특별한 존재로 길러졌거나, 대단하지 않고서는 존중받을 수 없었던 환경이었다면 어떨까? 표면적으로는 스스로를 치켜세우고 평범한 사람들을 비난하고 있지만 실상은 존중받지 못할까봐, 존재 자체가 부정될까봐 불안한 삶을 오랫동안 유지하고 있는지도 모른다.

어쨌거나 이들은 사람들에 대한 날선 평가의 잣대를 들이대며 주변 사람들을 긴장시키고 때론 분노를 퍼붓는다. 오랜 시간 상대를 비난하기 위해 준비해온 것처럼 그 말을 반박하는 것은 힘들다. 자기존재의 부정을 막는 방어수단이 된다. 어찌보면 처절하고 절박하다.

선배에 대해 냉정하게 평가하는 C의 말은 그럴듯했고 상담자를 긴장시켰다. 사실상 관계에서 벌어지는 일에 대해 인간적인 면을 배제하고 바라보면 답은 매우 단순해진다.

동아리란 작은 조직에서의 상황을 회사로 옮겨보자. 회사는 이윤을 추구하는 집단이고, 그 안에서 돈을 더 많이 받는 사람은 더 많은 성과를 내야 하며, 성과는 얼마나 효율적으로 일을 처리 하느냐에 비례한다. 따라서 효율성이 떨어지고 감정에 치우치는 사람은 회사에 있어서는 안 되는, 악의 존재인 것이다.

C는 한 단체의 설립자인 양, 회사로 치면 사장이 된 입장에서 조목조목 따지기 시작했고, 그 말에 반박하는 것은 무의미해보 였다. 그와의 말싸움에 걸려들었다가 패배한 상대방은 위축되 고, 존재감이 사라지며, 그 관계에서 다시금 C의 특별함이 드러 나게 된다.

이런 C의 바뀌지 않을 것 같은 특성은 여자친구와 갈등이 커 지면서 혼란스러워졌다. 누군가를 끊임없이 비난하는 그의 말에 애인조차 지쳐버린 것이다. 둘의 관계에서도 잘못을 인정하지 않고, 매번 상대방의 잘못을 끄집어내 분노하는 C의 태도에 질 려버린 것 같았다. 언제나 내가 옳고 상대방이 틀렸다는 입장이 었으며, 자신의 실수가 일부 인정된다 하더라도 상대방이 먼저 사과하기 이전에는 결코 손을 내밀지 않았다.

그런 그가 이별의 위기 앞에서 조금 울적해졌고, 상대방의 입 장을 이해하는 듯했다가 다시 비난하기를 반복하며 고민에 빠졌 다. 이제 그는 타인에 대한 비난을 멈추고 자신의 문제를 바라보 아야 했다. 어느 때보다 절실했다.

외아들인 C의 부모는 올바른 사람들이었다. 어머니는 그가 모르는 게 있거나 필요한 것이 있을 때 적극적으로 찾아주고 반응해주었으며 희생적이었다. 아버지는 가부장적인 편이었으나 존경할 만한 사람이었고 특별히 나쁜 감정을 가질 것이 없었다. C는 가족에 대한 자부심도 컸다.

문제는 완벽해보이는 가정의 모습이었다. 그가 말하는 부모의 모습은 너무 완벽했다. 부와 명예를 어느 정도 이룬 아버지는 애써 이룬 결과물을 놓치지 않기 위해 최선을 다했다. 어머니는 이를 위한 좋은 조력자가 되었고, 더 괜찮은 가정을 꾸리기 위해 노력했다. 베푸는 것에는 종종 인색했지만, 집안 구석구석 부족할 것 없는 환경을 만드는 데는 열성적이었다. 남들보다 안목이 뛰어났고, 깔끔하다는 소리를 들었으며, 자연스럽게 자식도 이에 상응해주기를 바랐다.

이처럼 안전하고 때론 화려하기도 했으며 규율이 엄격했던 가정 안에서 C는 스스로를 단련시켰다. 공부에 딱히 재능이 있는 건 아니었지만 뒤처지지 않기 위해 노력했고, 더 잘난 사람이 되기 위해 늘 긴장했다. 매사에 등급을 매기고 내가 어디쯤인지

평가하는 데에 익숙했던 C는 상대적으로 못난 친구들을 더 무시하고 잘나보이는 사람들에 대해서는 더욱더 관대했다.

중요한 건 자기자신이 없다는 것이었다. 비교를 통해 잘나고 못나고를 평가하는 것에 익숙했던 그는 스스로 정말 원하는 것이 무엇인지, 자신의 느낌이 무엇인지는 알 수 없었다. 날카로운 비난 이면에는 위축된 자신과 뿌리 깊은 열등감이 숨어 있었다.

타인에 대해 매번 평가하고 비난을 쉽게 하는 사람들은 스스로에 대해서도 까다롭다. 상대방을 공감하기 위해서 먼저 자기공감이 필요하다는 것은 이러한 배경 때문이다. 즉 이기적으로 자기를 돌보라는 말이 아니라, 전반적인 평가의 잣대를 인식하고 내려놓으라는 것이다.

대체로 그들은 꼼꼼함을 넘어서 다소 강박적인 성향을 갖고 있다. 누구보다 시간관리가 철저한 그들은 낭비되고 게으르며 실수하는 모든 시간들을 허용하지 못한다. 인간적인 모든 것을 기계처럼 만들려고 애쓴다. 때로는 애를 많이 쓰는 만큼 자신의 게으름은 포장되고 상대방의 느긋함은 비난의 대상이 된다. 그래서 거만하고 이기적이다. 어쩌면 그들은 자신의 부족함을 그대로 직면할 수 있는 기회가 필요하다. 더불어 따뜻하게 그 부족함을 수용해줄 대상이 필요하다.

그러나 일반적인 사람들은 그의 비난에도 불구하고 부드럽게 그를 직면시킬 수가 없다. 특별한 관심 혹은 특별한 사랑이 필요한 것이다. 어머니와도 같은 사랑이 필요한 이들은 자신에 대한 신뢰가 부족한 어린아이와도 같다. 강박적으로 어떤 규율에 매달려 그 이외의 것들은 결코 받아들일 수 없는 것. 불안한 세상에서 살아남기 위한 이들의 생존방식인지도 모른다.

》 〈이보다 더 좋을 순 없다〉,

　　사랑을 통해 수용과 신뢰를 배운다

〈이보다 더 좋을 순 없다〉 주연: 잭 니콜슨, 헬렌 헌트　감독: 제임스 L. 브룩스　배급: 칼럼비아트라이스타

1998년 개봉작 〈이보다 더 좋을 순 없다〉는 '강박증'을 말할 때 자주 거론되는 영화이자 사랑을 통해 변하는 한 남자의 이야기를 담은 아름다운 작품이다. 잭 니콜슨이 연기한 유달은 냉소적이고 까칠한 로맨스 소설가다. 까칠한 성격에 강박행동(식당에서 주는 식기를 사용하지 못하는 등 청결에

지나치게 신경을 쓰거나 길가에 난 금을 밟지 않는 행동 등)까지 보여서 누구도 그를 가까이 하려 하지 않는다.

그러나 유달은 반대로 생각한다. 저런 저급하고 더러운 사람들과 함께 할 수 없다고. 그런 그가 로맨스 소설가라는 것은 그가 변화하는 데 필요한 것이 무엇인지 알려주는 암시와도 같다.

따뜻하고 정이 많은 웨이트리스 헬렌을 사랑하게 되면서 유달은 변한다. 영화 마지막 부분에서 헬렌을 붙잡고 자신의 부족함을 인정하는 주인공의 모습은 매우 감동적이다. 타인을 수용하지 못하고 신뢰하지 못했던 이유는 바로 스스로를 수용하지 못했던, 더 나아가 자기를 혐오하는 감정에서 출발하는 것임을 솔직하게 고백한다. 그 장면을 바라보는 우리는 그 까칠한 남자를 바로 공감하게 된다. 거만하고 이기적인 그가 실상은 자기혐오로 가득한 세상에서 발버둥치고 있다고 상상해보자. 그를 조금 더 부드럽게 바라볼 수 있겠는가?

상담심리학에 한 획을 그은 칼 로저스(Carl Rogers)는 모든 사람들이 갖고 있는 자기 안의 '실현경향', 즉 성장과 성취를 향하는 타고난 성향에 대해 믿으며 '인간중심치료법'이라는 이론을 창시했다. 어린 시절 친구도 없고 가족과도 속마음을 나누지 못했던, '별나고 외로운 아이'였다는 그는 대학에 가서야 친구를 사귀게 되었으며, 특히 연애를 통해 성장했다고 말한다.

그의 자서전과도 같은 책, 『사람-중심 상담(A Way of Being)』에서 로저스는 인간관계에 대해, 또 성장에 대해 다음과 같은 주옥 같은 말을 전하고 있다.

"나는 나 자신이 경험하고 있는 여러 가지 것들을 순간마다 소중히 여길 수 있게 되었습니다. 분노의 감정이나 부드러운 느낌, 수치심, 상처, 사랑, 불안, 너그러움, 두려움 등 긍정적이든 부정적이든 갑자기 일어나는 나의 모든 반응을 귀하게 여기고 싶습니다. 나는 그때그때 떠오르는 어리석은 생각, 창의적인 생각, 기괴한 생각, 건전한 생각, 사소한 생각 등 나의 모든 부분을 소중히 여기고 싶습니다. 나는 적절하거나, 미친 것 같거나, 성취지향적이거나, 성적이거나, 누군가를 죽이고 싶다거나 하는 나의 모든 충동들을 좋아합니다. 나는 모든 감정들, 생각들, 충동들을 자신을 풍성하게 해주는 것으로 받아들이고 싶습니다. 그 모든 것에 따라 행동하려 하지는 않아도 그것들을 모두 받아들일 때 나는 더욱 진실될 수 있습니다. 그리고 그때의 상황에 맞추어 더욱 적절하게 행동할 수 있습니다."[7]

어쩌면 〈이보다 더 좋을 순 없다〉의 까칠한 유달도, 냉정하게 상대방을 평가하고 비난하는 C도 자기 안의 검열을 멈추어야 하는지도 모르겠다. 그리고 그 결정적인 계기는 사랑에 빠지는 일인 것 같다. 별나고 외로운 아이가 상담심리학계의 거장이 되기까지 사랑을 통해 성장했던 것처럼, 영화 속 강박증 환자가 붙잡고 싶은 그녀 앞에서 솔직해지고 유연해질 수 있었던 것처럼, C도 애인의 실망과 이별 앞에서 어떤 변화의 실마리를 찾게 되길 바란다.

〈이보다 더 좋을 순 없다〉에서 헬렌이 그랬던 것처럼 잘난 척하지만 결코 잘나보이지 않는다는 것을 직면시킬 수 있는 애인이라면? 정색하며 화를 내는 그 마음 이면으로 다가가 불안을 끌어안아줄 수 있다면, 더없이 좋은 짝이 될 것이다. 덜 불안하면 덜 정색하게 되고 더 편안해진다. 또 상대방을 깎아내리지 않고도 자기존재를 인정할 수 있을지도 모른다. 동시에 자신의 약한 감정을 수용하고 표현할 수 있다면, 문제의 원인을 내 안에서 찾을 수 있게 될 것이다.

결국 우리가 변화시킬 수 있는 건 내 마음뿐이다. 따라서 문제의 원인을 내 안에서 찾았다면 행복을 향해 한발 나아간 것이다.

감히 나에게!: 특권의식과 분노
"내가 왜 그런 대우를 받아야 하죠?"

'나는 특별하며 그만한 대우를 받아야 마땅하다'는 생각이 만들어내는 자기애적 분노,
그 이면에 사랑과 인정의 결핍으로 인한 피해의식이 존재하는지도 모른다.

D 과장은 일을 잘할 뿐만 아니라 인간관계에서도 세련된 편이라 타 부서 후배들 사이에서 '바람직한 선배'의 표본처럼 불린다. 일을 잘하니 배울 점도 많고, 후배들과도 적정 거리를 유지해 사생활을 침범하지 않기 때문이다. 더불어 회식자리에서조차 술을 억지로 권하는 일 없이 깔끔해서 좋다는 것이다. 특히 일이 잘 풀려 기분이 좋은 날엔 그의 주변의 넓은 범위까지 즐겁고 유쾌한 분위기가 된다. 재밌는 농담을 잘하고 배우라도 되는 양 연기력도 뛰어나 한방에 부서 전체를 웃음바다로 만들어버린다.

그런 D 과장의 그림자는 가까이 있는 후배들에게만 보였다.

D 과장에게는 남들을 기분 좋게 하는 만큼 부서 전체를 지옥으로 만들어버리는 재주도 있었던 것이다. 특히 만만한 후배들 앞에선 자신의 화를 숨기지 않는다. 외부 업체와의 미팅에서 자존심이 건드려진 일이 있는 날엔 안면 근육이 파르르 떨리며 분노한다. 아무리 동료가 그를 위로하거나 충고의 말을 건네려 해도 소용없다. 복수심에 불타오른 그는 일에 집중하지 못한 채 하루 종일 시간을 허비한다. 후배들은 갑자기 변한 선배의 모습에 어쩔 줄 몰라 한다. 처음엔 당황하며 진정 국면으로 돌아올 때 '역시 우리 선배님!'을 외쳤을지 모르지만, 동일한 일이 반복되면서 D 과장은 후배들 사이에서 '불편한 존재'가 되어버렸다. 후배들은 늘 그의 기분을 살피느라, 자존심을 조금이라도 건드리면 복수의 대상이 될까봐 노심초사다. 그리고 보니 그가 기분이 좋을 때 하는 농담조차 남을 깎아내리고 비난하는 내용이다.

» 차갑고 강렬한,

자기애적 분노

'분노'는 공격을 받았을 때 자신을 보호하고자 하는 중요한 감정이다. 전쟁터에서 살아남기 위해서는 적을 명확히 적으로 인식하고 싸워야 한다. 이처럼 공격으로부터 나를 적극적으로 보호하려는 욕구, 생존의 욕구가 좌절되었을 때 느끼는 감정이 바로 '분노'다.

인간관계에서 자주 화를 내는 사람들은 상대의 반응을 자신의 생존을 위협하는 '공격'으로 받아들인다. 예를 들어 어느 평온한 주말 아침 아내가 남편에게 "당신, 어제 늦게까지 텔레비전 보더라"라고 말했다고 하자. 이에 대해 남편은 어떻게 반응할까? "주말에 그냥 자기 아깝잖아, 그래서 어젯밤에 좀 무리를 했지"라고 말했다면, 아내의 반응을 글자 그대로 받아들여 자신의 입장을 이해시키려고 한 반응이다.

반면 아내의 말이 끝나자마자 발끈하며 대꾸하는 상황을 생각해보자. "내가 매일 밤 그랬어? 요새 회사일로 얼마나 힘들었는데. 내가 맨날 텔레비전이나 보는 사람이야?" 그의 분노와 끝나지 않는 변명들로 아내 역시 슬슬 화가 나기 시작한다. 결국 이들의 대화는 큰 싸움이 되고 만다.

이처럼 사소한 질문 하나에도, 한 가지 불만을 표현하는 것에도 크게 흔들리는 사람들이 있다. 때론 '예상치 못한 지점'에서 화를 폭발해 상대를 당황하게 만든다. 마치 언제나 날카로운 칼을 갈아두고 꺼낼 준비를 하고 있는 것처럼 말이다. 상대방이 반박할 틈을 주지 않으려는 그들의 분노는 차갑고 섬뜩하다.

》 분노 이면의 생각,

　'감히 네가 나를?'

이처럼 날이 선 분노로 상대를 당황스럽게 만드는 것 이면에는
특별한 대우를 받고자 하는 '특권의식'이 존재한다. 자기애적인
사람들은 '모두가 그러하듯 나 역시 원하는 것이 있고, 그것은
늘 우선시 되어야 한다'라고 말한다.

　하지만 '우선시' 된다는 것은 분명 누군가의 욕구는 순위에서
밀린다는 것을 의미한다. 상대방의 입장과 욕구를 배려한다면,
최소한 서로 조율할 수 있는 여지를 남겨둘 수는 있을 것이다. 그
러한 여지가 남아 있다면 그토록 발끈할 이유는 없다.

　안타깝게도 그들에게서 작은 여유와 자비로움은 찾아볼 수가
없다. 양보하는 척했을 때 상대방이 덥석 자신의 이익을 챙긴다
면 그는 반드시 보복하려 들 것이다. 보복하기 전에 정신을 차리
게 되더라도 '버럭' 하는 심정은 숨길 수가 없을 것이다. 그러니
'모두가 원하는 것이 있겠지만, 감히 내 앞에서까지 그것을 원하
려 하지는 말라'는 것이 자기애적인 분노의 한 측면이다.

　물론 그렇게 생각하는 이유에는 여러 가지가 있다. 확고한 신
념이 있을 수도 있고, 조금 물러났을 수도 있다. 부부관계에서 차
별이 있어서는 안 된다는 것을 의식하고 지키려 애쓰고 있는지

도 모르며, 잠이 든 아내 옆에서 텔레비전을 늦게까지 보면서 최대한 볼륨을 줄이느라 짜증이 났을 수도 있다. 그러나 그 모든 생각의 시작과 끝, 감정의 근원은 매우 자기중심적이다.

상대방이 왜 그런 질문을 했는지는 안중에도 없다. 왜 그렇게 긴 변명에 답답해 하는지도 상관할 바가 아니다. 오직 내가 누군가에게 비난을 받는다는 것 자체에 화가 날 뿐이다. 이해할 수도, 인정할 수도 없다. 그 비난이라는 것도 자기방식으로 해석한 것에 불과한 데도 말이다. 무엇이 이들을 발끈하게 만드는가?

» '나를 무시해서'가 이유가 되는
범죄의 배경, 피해의식

최근 사회적인 문제가 되고 있는 '묻지마 범죄'의 배경을 따져보면 끔찍함이 이루 말할 수가 없다. 단순히 '기분 나쁜 일이 있어서' 근처의 누군가를 찔러 죽이는가 하면, '평소 여자가 날 무시해서'라는 말도 안 되는 이유를 근거로 일면식도 없는 여성을 죽이기도 한다. '여성혐오범죄'를 분석하기 이전에 묻지마 살인만 따져보더라도 자기애적 분노의 흔적을 찾을 수 있다.

그들은 모든 결과를 외부의 '탓'으로 돌리는 데에 매우 익숙하다. 사회의 불합리에 대한 분노, 이웃의 무신경함에 대한 분노라는 이름으로 '특별한 나'를 보호하려 한다. 결국 누군가를 살해하고 마는 그들의 공격성은 분명 비정상적이다.

'분노조절장애'라는 이름 뒤에 숨어 부적절한 행동에 대한 이해를 구하려고 하지만, 결코 자신을 희생시키면서까지 애쓰지는 않는다. 나도 모르게 화가 나고, 나도 모르게 폭력을 행사했지만 그저 '나도 모르는' 일일 뿐 좀처럼 죄책감을 느끼지 않는다.

한편 '여성혐오범죄'는 인간의 오랜 역사 속에서 자리 잡은 약자에 대한 차별과 권력의 횡포와 맞물려 중요한 사회적 이슈가 된다.

'평소 여자들이 나를 무시해서 여자를 죽였다'는 살인의 이면에는 '여자의 무시'만을 기억하는 한 남자의 분노가 표현된다. 그리고 그 남자의 의식 속에는 '감히 여자가!'라는 생각이 뿌리 깊이 존재한다. 그러니 여성을 혐오하는 남성 집단 전반에 남자라는 '특권의식'이 자리 잡고 있다는 것, 그리고 이것은 자기애적인 특성을 반영한다는 것을 부인할 수 없을 것이다.

예상치 못한 지점에서 적대감을 표현하는 것, 사소한 질문에도 발끈하는 것에서 나아가 살인으로 이어지는 이들의 분노는 거꾸로 '나약함'을 드러내는 방식인지도 모른다. '특권의식'을 주장하는 이들은 특별함을 확인받고 싶은 마음을 놓지 못한다.

여성혐오범죄를 저지르는 이들이 실제로 과거에 여성들과의 관계(어머니나 그 외의 가족 혹은 여자친구들)에서 학대를 받았거나 위축되어 있었다는 것을 봐도 이들의 피해의식을 간과할 수 없다. 그들에게 그 어떤 말들, 심지어 여성이라는 존재 자체가 생존의 위협이 된다면? 어쩌면 역사 속에서 강자의 논리로 형성된 남성의 특권의식과 더불어 인간으로서의 존엄성조차 인정받지 못했던 불행한 개인의 역사가 그토록 특별함에 매달리게 만드는 것은 아닐까?

안타깝게도 복수의 칼을 가는 동안 이들은 밤잠을 설치고 성과를 미루며 특별할 수 있는 기회를 놓쳐버린다. 그렇게 다시 자라는 피해의식들은 자기애적인 사람들에게 더 철벽 같은 벽을 세우도록 만드는지도 모르겠다.

'개별성을 존중받고 싶은 마음'과 더불어 '사랑과 인정'의 욕구는 누구나 갖고 있다. 그러나 과도하게 그것에 매달리는 현상이 때로는 이처럼 자기애적인 분노로 표현된다. 결국 분노 이면에는 괜찮다고 확인받고 싶고, 사랑스럽다고 확인받고 싶은 나약한 아이가 있는 건지도 모른다. 어쩌면 사랑을 향한 처절한 몸부림인지도 모르겠다.

》 〈마미〉, 반복되는 폭력은
어디에서 비롯되는가?

〈마미〉 주연: 앤 도벌, 안토니 올리버 피론
감독: 자비에 돌란 배급: (주)엣나인필름

19세의 어린 나이에 첫 영화를 발표한 후 사람들에게 천재적인 영화감독으로 불리는 자비에 돌란(Xavier Dolan)은 2014년 개봉작, 〈마미〉에서 왜곡된 혹은 지나친 사랑의 단면을 보여준다.

영화 〈마미〉는 홀로 아들을 키우는 엄마와 분노를 조절하지 못하는 아들의 이야기로, 엄마 혼자 감당하기 힘든 아들을 반복적으로 시설에 보내기까지의 과정을 아프게 묘사하고 있다.

아들 스티브는 보호시설에서 불을 질러 한 아이에게 상처를 입히고, 엄마 디안은 스티브를 집으로 데려오게 된다. 남편이 죽은 후 변변한 직업도 없이 어렵게 살아가는 디안은 사고뭉치 스티브를 키우기 위해 비굴해지기도 용감해지기도 한다. 화가 난 스티브 앞에선 무조건 참고 사과해야 하는 그녀에게 삶은 투쟁

과도 같다. 어느 날 이웃에 사는 여성 카일라의 도움으로 이안은 스티브와의 싸움을 멈출 수 있게 되고 스티브와 디안, 카일라는 새로운 공동체를 이루게 된다.

잠시 사랑의 공동체를 이룬 것처럼 보이지만, 결국 다시 깨지고 각자의 자리에서 슬픔에 몸서리치는 장면은 잔인하다. 버림받은 스티브와 해방된 외로운 디안, 둘을 이해할 수 없는 카일라는 다시 낯선 사람이 되어 떠난다. 그 어떤 관계보다 격렬하게 사랑했던 이들은 이별마저 그 어떤 관계보다 싸늘하다.

마트에서 칼로 손목을 긋고 쓰러진 상황에서도 사고를 수습하느라 분주한 디안를 향해 "우리 아직도 사랑하지?"라고 울부짖는 스티브. 그를 향한 디안의 대사는 의미심장하다. "우리가 제일 잘하는 게 사랑이잖아."

» 분노 이면에 존재하는
사랑에 대한 갈망

사랑은 에너지다. 따라서 그 힘이 어디로, 어느 정도 향하느냐에 따라 폭력이 되기도 한다. 갑작스럽게 남편을 잃고 혼자가 된 디안은 충분히 좋은 엄마의 역할을 포기했는지도 모르겠다.

스스로를 돌보기에 바쁜 나약한 엄마에게서 버림받는 것이 두려워, 스티브는 끊임없이 사고를 치고 사랑을 확인받고 싶었는지도 모른다. 그럴수록 더욱더 멀어지는 디안과 더욱더 불안한 스티브, 이들의 엇갈린 사랑이 분노로 활활 타오르게 되었던 것은 아닐까? 공감하는 카일라의 등장은 공감능력을 잃은 디안과 스티브를 한층 더 부각시켜준다.

영화에서 보여주는 사랑과 분노의 감정들은 쉽게 납득하기 어렵다. 예측할 수 없는 지점에서 터져버려 주변사람들을 불편하게 만들었던 D 과장의 분노도 공감이 잘 안 된다. 사소한 질문이 싸움이 되는 부부의 대화도 씁쓸하다.

〈마미〉에 등장하는 스티브는 어떤 양육이 필요했던 것일까? 피해의식 속에서 버럭 화를 내고, 상대방의 피해를 인식하지 못한 채 흉기를 휘둘러버리는 스티브에게 어떤 사랑이 필요했던 것일까? 지나치게 완벽하려는 자기만족 때문에 스티브의 마음을 돌보지 못했던 디안 때문일까? 아니면 공허해 자신을 돌보기 바빠 스티브를 방치했던 디안의 무관심 때문일까? 둘 다일지도 모른다. 완벽한 엄마도, 엄마를 포기하는 엄마도 답이 될 수 없다. 사랑은 서로의 '빈틈'을 적당히 채우려는 '관계' 속에서 생긴다. 즉 빈틈과 관계 모두가 필요한 것이다.

결국 분노 이면에는 괜찮다고 확인받고 싶고,
사랑스럽다고 확인받고 싶은
나약한 아이가 있는 건지도 모른다.
어쩌면 사랑을 향한 처절한 몸부림인지도 모르겠다.

자기사랑의 가장 큰 방해물은
나르시시즘이다

| 2 장 |

자기사랑의 방해물 2_불안

겉으로는 거만하고 이기적인 모습과 상반되지만, 내면에 거대한 자기를 감추고 있는 이들을 '내현적 자기애'라고 부른다. 분노하는 자기애자들이 불안을 감추고 센 척한다면, 불안이 겉으로 표현되는 내현적 자기애의 사람들은 어떤 문제를 감추고 있을까? 마음속에 거대 자기가 있다는 것은 완벽하고자 하는 비현실적인 모습에 집착하고 있는 것일 수 있다. 모든 일을 잘해내야 하고, 그 와중에 관계에서 밉보이지 않아야 하며, 나의 약점은 꽁꽁 숨겨야만 한다. 그리고 이렇게 애쓰는 과정에서 나의 진정한 모습은 소외되고 우울해지며 공허한 채로 가면을 부여잡고 살게 되는지도 모른다. 이번 장에서는 불안한 자기애자들의 속마음을 살펴본다.

관계에 집착하는 사람들: 수치심과 소외
"관계 맺는 것이 가장 두려워요"

관계 안에서 자기모습을 들여다보느라 분주하고, 상대를 믿지 못하니 불안하고,
그 과정을 부끄럽게 견뎌내는 자기애적 사람들에게 '소외'란 주제는 매우 중요하다.

상담실에 들어서는 A는 매우 외향적이고 거침없는 사람처럼 보였다. 첫 만남인데도 어려운 기색 없이 활발하게 인사하고 궁금한 걸 물었다. 그런 그녀의 상담주제는 아이러니하게도 '사람들이 무섭다'였다. 직업상 많은 사람들을 만나고 관계를 맺고, 또 그만큼 사회성 좋고 일 잘하기로 소문이 난 그녀였다. 그러나 본인은 돌아서면 무척 피곤하고 사람들이 싫어져 때론 자신이 사기를 치는 것 같아 죄책감에 빠진다고 했다.

A가 상담실을 찾게 된 계기는 얼마 전부터 두드러진 불안증상 때문이었다. 어려서부터 경미한 틱(tic, 특별한 이유 없이 자신

도 모르게 신체 일부분을 아주 빠르게 움직이거나 이상한 소리를 내는 것)이 있긴 했지만 문제가 될 정도는 아니었다.

그런데 최근 눈 깜박임이 심해져 많은 사람들과 함께 하는 자리에서 자신의 이상한 모습이 드러날까봐 불안해졌고, 그 불안은 증상을 더욱더 키웠다. 최근에 무슨 일이 있었냐는 물음에 특별한 일은 없었으며, 오히려 직장에서 성과를 내고 인정을 받는 상황이라고 말했다.

» 가까이하기엔
너무 먼 당신

자연스레 일에서의 성과와 대비되는 가족 안에서의 문제부터 이야기를 꺼냈다. 결혼 10년차의 그녀는 가정적인 남편과 초등학생 아들, 딸 각각 한 명씩을 둔 워킹맘이었다. 얼핏 보면 그녀의 삶은 완벽해보였다. 남편은 무뚝뚝했지만 매우 가정적이었다. 아이들도 모두 똑똑하고 바르게 자라 주변에선 칭찬이 자자했다. 그러나 그녀는 늘 외로웠다. 집에서조차 편히 쉴 공간이 없었고 가족들과 함께 있을 때에도 늘 조금씩 긴장하고 있었다. 아무도 눈치채지 못했지만 스스로 어딘가 잘못된 것 같은 느낌을 떨칠 수가 없었다.

그런 그녀의 모습은 상담실에서도 드러났다. 첫날 그렇게 스스럼없이 다가오는 것 같았던 그녀는 시간이 지날수록 오히려 조심스러워졌다. 말끝마다 부끄럽다 말하고 상담자의 눈치를 살피기에 바빴다. 어떤 날은 개인적인 질문을 건네며 친근감을 표현하고, 또 지나치게 배려하고 맞추어주려는 태도에 조금 부담스럽기도 했다.

그러다가도 무언가 부정적인 감정에 머무르게 되는 날엔 뒤돌아서 나가는 그녀의 뒷모습이 서늘했다. 왠지 모를 분노가 느껴져 기분이 매우 불쾌해지는 날도 있었다. 알쏭달쏭한 그녀의 내면은 회기가 지나면서 조금씩 퍼즐이 맞추어졌다.

어린 시절 조부모와 함께 형제 많은 집에서 자라온 그녀는 많은 사람들의 눈치를 살펴야 하는 상황을 자연스럽게 접했다. 그도 그럴 것이 불 같은 성격의 할아버지가 한번 역정을 내시면 집안 전체가 싸늘해졌기 때문이다.

그 와중에 예민한 엄마의 감정을 살피는 일은 그녀에게 매우 중요한 임무였다. 시집 와서 자신의 꿈을 모두 포기해야 했던 그녀의 엄마는 평상시엔 무척이나 헌신적인 며느리이자 아내, 그리고 엄마였지만 그로 인한 피로와 억울함은 만만한 딸에게 고스란히 퍼붓게 되는 경우가 많았다. 할아버지도 할머니도, 무뚝

뚝한 아빠도 엄마의 우울을 받아주지 못했기 때문이다.

A는 대가족 안에서 어쩌면 엄마의 기분을 정확히 알고 있는 유일한 사람이었다. 울적해진 엄마가 혹시나 집을 나가지는 않을지, 나를 버리지는 않을지 늘 조마조마했다. 엄마가 필요한 만큼 더 열심히 눈치보고 맞추어주는 일에 에너지를 쏟았으며, 그만큼 쉽게 지치고 화가 나기도 했다. 이처럼 어려서부터 그녀에게 관계를 맺는다는 건 절박한 동시에 피곤한 일로 각인되었다.

결혼한 후에도 남편과 두 아이의 요구를 누구보다 잘 맞추는 그녀였다. 그러다 가족들에게 서운한 일이 생기면 그간 쌓아둔 감정들이 한 번에 폭발하고 말았다. 너무 억울해서 어쩔 줄 몰랐고, 슬픔인지 분노인지 모를 눈물이 멈추질 않았다. 가족들은 그녀의 과격한 반응을 공감할 수 없었다.

완벽해보이는 가족은 그녀의 또 다른 성취 중 하나였으나 실상 가족 안에서의 그녀는 늘 외롭고 공허했다. 때론 관계가 틀어질까봐 불안하고 초조했으며, 뒤죽박죽 반복되는 자기 모습에 그녀는 매우 지쳐 있었다. 지나치게 다가왔다가 어느새 뒤로 빠지는 그녀는 가까이하기엔 너무 먼 사람이었다.

관계에 대한 불안 이면에는 보통 인간에 대한 불신이 뿌리 깊게 자리하고 있다. 도움을 받으러 온 상담관계에서조차 부끄럽다며 자신의 이야기를 빙빙 돌려 말하는 그녀에게 '신뢰감'을 쌓는 일은 상담의 시작이자 목표가 되었다. 보다 잘 공감하기 위해 어떤 질문을 하려고 하거나 약한 모습에 초점을 맞추어 탐색하려 하면, 어느새 싸늘한 반응 뒤로 숨어버리는 그녀는 대체 무엇이 문제였을까?

겉보기엔 거만하고 이기적인 모습과 상반되지만, 내면에 거대한 자기를 감추고 있는 이들을 '내현적 자기애(covert narcissism)'라고 부른다. 즉 불신과 불안 속에 '나는 상처받으면 안 되고 거절당해도 안 되며 못하는 것이 있거나 밉보여서는 안 되는 사람이다'라는 생각이 뿌리 깊게 자리 잡고 있다는 것이다. 이들은 '나도 못날 수 있다'라는 생각을 도저히 받아들일 수 없다.[8] 이들에게 '못났다'는 것은 '존재하지 않는다' 혹은 '(살아야 할) 가치가 없다'로 해석된다.

우울하며 자기중심적인 어머니의 눈치를 살피며 자랐던 A는 생존을 위해 뭐든 그럴듯한 성취를 이루어야 했다. 건강한 자존감이 미처 자라기도 전에 상대방을 살피고, 상대방의 반응에 따른 자기평가에 지나치게 의존해야 했다면 제대로 된 성숙을 이루기란 쉽지 않을 것이다.

'사람들이 무섭다'고 말하는, 관계에서의 불안은 그녀가 사람들을 필요로 하는 만큼 커지는 것 같았다. 그녀는 분명 누군가가 필요했다. 자기를 봐줄 사람, 자신이 어떤 이야기를 해도 잘 듣고 반응해주는 상대가 필요했다. 아무도 자기를 봐주지 않는 상황이 될까봐 불안했고, 친밀한 관계 속에서 자기를 확인할 수 없을 때 불안했다.

그녀의 필요와 집착이 커질수록 불안은 커졌으며, 감당하기 힘든 감정(서운함·외로움·긴장감 등)을 유발시키는 사람들은 위협적으로 느껴졌다. 혼자 있는 것이 힘든 그녀는 관계에 너무 목이 말라 사람들을 회피하게 되는 아이러니에 빠지게 되었다.

》 실존적 소외를 인정하고
극복하는 여행, 사랑하는 것

혼자 있는 것을 견디지 못하는 데에는 여러 가지 이유가 있다. 어떤 것도 혼자 결정할 수 없어 의존해야만 할 수도 있다. 그러나 모든 것을 혼자 해치우려 고집을 피우면서도 혼자 있는 것을 견디지 못한다. 이는 확인받고 싶어서, 누군가 확인해주지 않으면 불안하기 때문이다. 그만큼 독립적이고 단단해보이는 그는 상대방의 평가에 의존적이다. 즉 남이 나를 평가해주는 대로 자존감이 좌지우지된다. 있는 그대로 나를 바라보는 것이 아니라 남이 나를 바라보는 대로 나를 점수 매긴다.

'사람들 안에서의 나'로만 비로소 나의 의미를 찾을 수 있다. 나 스스로를 온전히 볼 수 없는 그는, 내 안에서 나의 어떤 부분을 늘 소외시키며 사는지도 모르겠다. 공허하고 불안정한 그들은 관계에 많은 의지를 하지만 그만큼 만족스러운 관계를 맺을 수가 없다. 완벽하게 안정된 관계를 꿈꾸는 만큼 그들은 점점 멀어진다.

의사이자 상담가이며 작가이기도 한 어빈 얄롬(Irvin Yalom)은 그의 책 『실존주의 심리치료』에서 '실존적 소외'에 관한 이야기를 다루고 있다. 관계 안에서 자기모습을 들여다보느라 분주하고, 상대를 믿지 못하니 불안하고, 그 과정을 부끄럽게 견뎌내는 자기애적 사람들에게 '소외(isolation)'의 주제는 매우 중요하다. 나의 전체 모습, 즉 잘하는 것과 더불어 잘 못하는 것을 수용하지 못하니 스스로의 어떤 부분을 무시하고 소외시킨다.

억누르는 만큼 커지는 자기 안의 그림자는 관계에서 갈등을 일으켜 관계에서의 고립을 자처하게 된다. 내 안에서, 또 관계 안에서 느끼는 고립감이 클수록 누구나 겪을 법한 삶의 고독을 감당할 수 없어 끊임없이 무언가를 찾는다. 즉 자신의 공허함을 채우기 위해 주변사람들을 이용하거나 중독되기 쉬운 것이다. 이는 인간이라면 누구나 혼자라는, 세상과 나 사이의 '실존적 소외'를 수용할 수 없기 때문에 생기는 문제로 이어진다.

얄롬은 자기애적 성격을 따로 언급하지는 않지만, 인간 실존의 주된 주제인 '소외'를 언급하며 아래와 같이 경고하고 있다.

> "관계의 문제는 융합-소외의 문제다. 인간은 소외에서 벗어나기 위해 타인의 일부분이 되려는 욕구에 순응하기보다는 타인과의 관계를 형성하는 방법을 반드시 배워야 한다. 또한 인간은 타인을 도구로 여기거나 소외에 대한 방어수단으로 격하시키지 않으면서 관계를 형성하는 방법도 반드시 배워야 한다."[9]

융합(fusion)은 나와 네가 만나 또 다른 무언가로 탄생할 수 있다는 기대다. 그러나 인간과 인간의 만남은, 존재와 또 다른 존재의 만남은 결코 뒤섞이고 새롭게 태어날 수 없다. 즉 불가능한 기대인 것이다. 우리는 각자의 정체성을 유지한 채로 서로를 사랑할 수 있어야 한다.

소외는 결국 혼자일 수밖에 없는 인간의 숙명과도 같다. 텅 빈 자기로 스스로를 소외시키며 살아가는 자기애적인 사람들은 공허감을 해결하기 위해 관계를 맺는다. 오로지 자기욕구를 채우기 위한 관계는 일방적이며 착취적이다. 상대가 어떤 상태인지에 대해서는 관심이 없으며 자신의 부족한 욕구를 채우기 위한 도구로 여긴다. 때론 상대방을 조종하려 하고 내 마음대로 안 되는 상황에 대해 분노한다.

결국 안정적인 관계를 유지하는 일은 어려워지며 스스로는 돌아보지 못한 채 인간에 대한 불신, 관계에서의 불안은 더 커진다.

》 〈라라랜드〉, 꿈을 위해
　 사랑을 포기한다?

어느 날 상담을 받으러 온 20대 여성의 이야기에 조금 씁쓸해진 적이 있다. 영화 〈라라랜드〉를 재밌게 보았다며, "요즘 사람들은 사랑을 선택하기보다 자기 꿈을 찾아가는 편이잖아요"라는 그녀의 말 때문이다.

개봉과 동시에 수많은 이들의 찬사를 받았던 〈라라랜드〉는 평범한 한 여인이 유명한 배우가 되기까지의 과정을, 그 과정에

〈라라랜드〉 주연: 라이언 고슬링, 엠마스톤
감독: 데이미언 셔젤 배급: (주)판씨네마

서 사랑에 빠지지만 결국 남남이 되어 우연히 마주치는 극적인 이야기를 음악과 함께 아름답게 전한다.

영화의 후반부에서 헤어진 연인이 상상한 모습처럼, 두 남녀가 결혼해서 아이를 낳고 오래오래 살았다면 영화는 그저 지루한 동화가 되었을지도 모르겠다. 그러나 그들은 각자의 길을 가며 각자의 꿈을 이룬다. 그 모습이 조금 외롭다. 그녀가 이룬 새로운 가정은 어떤 의미를 갖게 되는 걸까? 그저 성공을 위한 도구였을까? 끝내 혼자 살게 된 남자는 사랑을 잃고 영영 소외된 삶을 살아가야만 하는가?

성공의 잣대는 내 안에 있어야 한다. 그렇지 않고 외부의 가치에 휘둘릴 때 우리는 불안하고 그 안에 비친 내 모습을 바라보느라 자주 피곤해진다. 그런 의미에서 나 자신을 믿는 것, 나아가 누군가를 믿고 사랑하는 것은 매우 중요하다.

수치심, 불안, 불신으로 인한 눈치 살피기 등이 관계를 피곤하게 만들고 삶에서 인간이 누릴 수 있는 가장 큰 가치인 사랑을 왜곡시켜버린다.

수치심을 안고 기꺼이 약한 모습을 보일 수 있다면 어떨까? 불안한 세상 속에서 나약한 너와 내가 함께 잘 살아보자고 손잡을 수 있다면, 서로를 믿고 서로의 삶을 있는 그대로 인정하면서 자유롭게 사랑할 수 있다면, 인간으로서 누구나 느낄 수밖에 없는 실존적 소외의 공간을 인정하고 더 가까워지려 애쓰거나 겁이 나 도망치는 일 없이 안정된 관계를 유지할 수 있다면, A의 불안은 잦아들 수 있을 것이다. 불안이 잦아들면 성공을 위해, 꿈을 위해 상대방을 이용하게 되는 실수에서 벗어날 수 있지 않을까? 눈치 보지 않고 함께 하는 가운데 나의 꿈을 그려볼 수 있는 그런 이상적인 삶을 상상해본다.

영화 〈라라랜드〉에서 사랑하는 두 남녀가 결혼하고 소소한 삶을 살아가며 각자의 꿈도 가꾸어가는, 음악과 함께 펼쳐진 이야기가 현실이 되는 그런 삶은 정말 불가능한 것일까?

완벽을 위한 끝없는 도전: 완벽주의와 우울
"주어진 일을 잘 해왔으니 이번에도 잘 할 겁니다"

한계를 수용하지 못하고 몰아붙이며 스스로를 혹사시키는 사람들. 남들은 모자랄 수 있어도 자기는 그럴 수 없다며 비현실적인 자기상에 매달린 채 자기도취에 빠져 있는 것은 아닐까?

잘나가는 영업사원이었던 B는 최근 새로운 부서로 발령이 나면서 우울증 증상을 보이고 있다. 신입사원 연수 때부터 타고난 리더십과 언변으로 주목을 받아왔던 그는 실적부진에 애를 먹던 지점을 살리면서 능력을 인정받았다. 이후 승진과 함께 본사로 발령이 난 것이다. 남들은 축하하는데 B의 마음은 점점 무거워졌다. 이전처럼 일을 잘해내야 하는데 낯선 환경에서, 뛰어난 사람들만 모아놓은 부서에서 과연 잘할 수 있을지 의문이었다.

그럼에도 불구하고 B는 불안을 누르며 열심히 일했다. 자신을 필요로 하는 일이라면 어디든지 달려갔으며, 능력 밖의 일이 떨어져도 거절하지 않았다. 거절은커녕 일이 주어질 때마다 자신의 능력이 확장되는 것이 뿌듯했다.

하지만 결국 허술한 일처리가 드러나고 실수가 반복되면서 지적을 받기 시작했다. 가뜩이나 버거운 일들로 인한 압박감에 하루하루 간신히 버티고 있던 어느 날, 상사의 질책을 계기로 우울감에 빠졌다. 심한 자책과 회사에 대한 원망을 반복하며 어떻게 하면 도망칠 수 있을까 고민했다. 며칠 동안 잠을 못 이루고 눈에 띄게 수척해진 B에게 친구가 휴직을 권유하자, 그는 이렇게 말했다. "내가 아니면 이 일을 누가 할 수 있겠어…"

» 자신의 중요성에 집착하며
성취를 과장하는 사람들

누구나 인생에 기복이 있다. 성취를 이루고 끝없이 상승하는 기분에 도취될 때가 있는가 하면, 예상치 못한 장애물에 걸려 넘어지는 좌절의 순간도 있다. 우리는 발달과정 속에서 자연스럽게 이를 터득해간다. '내가 세상의 중심이다'라고 생각하는 어린아이는 겁 없이 새로운 일에 도전한다. 기질에 따라 차이는 있지만 뭐든지 내가 하겠다고 덤비고 자기를 봐주지 않는 이들을 이해하지 못해 때론 화를 내기도 한다.

그러던 어느 날 게임에서 내가 지는 것을 경험하게 되고 나를 거부하고 밀치는 친구를 만나게 된다. 내가 언제나 이길 수 없다는 것을, 내 능력의 한계를 인정하고 모든 사람들이 나를 좋아할 수 없다는 것을 수용하면서 아이들은 성장한다. 물론 그 과정은 아플 수밖에 없다. 때론 한없이 초라해지는 나를 그 자체로 인정하는 것은 힘겨운 싸움이다. 그러나 꼭 거쳐야 하는 과정이며 아픈 만큼 성장한다.

자신의 한계를 인정할 수 없었던 B는 세상이 나의 통제하에 있었던, 왕으로 군림했던 어린 시절에 머물러 있는지도 모르겠다. 부모님의 과잉보호 덕에 좌절의 상황이 원천봉쇄 되었을 수도 있고, 너무나 완벽한(완벽하고자 하는 강박에 시달리는) 부모님의 통제하에서 스스로의 노력 없이 좌절이 사라졌을 수도 있다. 혹은 자기가치를 인정받기 위해 과도한 목표를 세우고 성취하는 과정에 몰두해야 했을 수도 있다. 성취가 없이는 내가 처한 환경이 너무 초라해서 매순간 열심히 앞만 보고 달렸고, 그에 따른 보상이 어느 순간까지는 잘 따라와 주었는지도 모른다.

그렇다면 서른을 넘겨 처음 마주한 좌절은 그에게 너무 큰 시련이었을 것이다. 한계를 수용하지 못하고 몰아붙이며 스스로를 혹사시키는 B는 남들은 모자랄 수 있어도 자기는 그럴 수 없다며 비현실적인 자기상에 매달리는, 왜곡된 자기도취의 일면을 보여준다.

철학자 한병철은 『에로스의 종말』에서 우울증을 나르시시즘적 질병으로 정의하고 있다.

> "우울증을 낳는 것은 병적으로 과장된 과도한 자기관계이다. 나르시시즘적 우울증의 주체는 자기자신에 의해 소진되고 기력이 꺾여버린 상태이다. 그는 세계를 상실하고 타자에게 버림받은 자이다. 에로스와 우울증은 대립적 관계에 있다. 에로스는 주체를 그 자신에게서 잡아채어 타자를 향해 내던진다. 반면 우울증은 주체를 자기 속으로 추락하게 만든다. 오늘날 나르시시즘적 성과주체는 무엇보다도 성공을 겨냥한다. 그에게 성공은 타자를 통한 자기확인을 가져다준다.…."[10]

》 완벽할 수 없다면, 성공할 수 없다면
   나는 존재하지 않는다

한병철의 말에 따르면 완벽주의로 우울한 사람들은 자기 안에 갇혀 누군가를 사랑할 수 없다. 정신분석학에서 우울증은 분노의 화살이 자기자신에게 향하는 것이라고 말한다. 즉 화가 났으나 그 대상이 모호할 때, 혹은 내가 감히 원망할 수 있는 대상이 아닐 때 처리할 수 없는 그 감정에 대해 스스로를 탓하며 끝없는 우울로 빠져든다는 것이다.

자기학대의 일면이 우울로 나타난다면 완벽주의로 스스로를 몰아붙이는 사람들이 우울할 수밖에 없다는 건 당연한 일이다. 더불어 우울한 사람들에게 자기자신 외에 다른 대상이 존재하지 않는다는 것도 일리가 있어 보인다. 내게 주어진 업무가 지나치다고 항의할 수도 없고, 내가 힘드니 그만두고 싶다고 손을 들고 타협할 수도 없는 이들. 나는 반드시 성공해야 하며 그럴 것이라는 확신 안에서 스스로를 밀어붙이는 이들에게 자기애적인 우울증이 찾아오는 것이다.

완벽하게 성과를 내려는 사람들은 관계에서도 완벽하고자 자신의 감정을 숨긴다. 따라서 화가 나도 괜찮은 척하는 것 역시 자기에 대한 지나친 기대에서 비롯되는 것인지도 모른다. 우리는 모두 평범한 인간일 뿐이다. 이해가 안 되는 것은 상대의 설명을 들을 필요가 있고, 공감이 안 되는 일에는 상대의 마음을 알 때까지 경계하게 되고, 때론 미워질 수도 있다. 상대의 요청에 거절할 수 있으며 반드시 거절해야 하는 일도 있다. 내 역할 이상의 것이나 내 일이 아닌 것을 요구받을 땐 '나는 못합니다' '내 일이 아닙니다'라고 말해야만 한다. 나의 한계를 인정하는 일은 나를 잘 아는 것이며, 나를 잘 아는 것이 바로 자기공감의 출발이다.

성인이 된 순간에도 끊임없이 성공을 통해 자기존재를 확인해야 한다면 삶은 고단할 수밖에 없다. 일에서도 관계에서도, 내가 할 수 있는 한계를 긋지 않고 완벽을 추구한다면 우울의 늪에서 빠져나올 수 없을 것이다. 안타깝게도 그러한 우울감은 누구도 쉽게 공감할 수 없다. 외롭게 홀로 헤쳐나가야만 한다. 그리고 어쩌면 그 끝을 알 수 없는 우울감에 못 이겨 누군가를 이용하고 끝내 상처를 주는 행동을 반복하게 될지도 모른다. 스스로를 공감할 수 없다면 다른 누구도 공감할 수 없다.

》 〈위플래쉬〉, 무시무시한
완벽함의 추구

평범한 가정에서 자랐지만 음악적 감수성과 열정은 특별했던 앤드류. 영화 〈위플래쉬〉는 특별하지만 특별하지 않은 주인공 앤드류가 최고가 되기 위해 어떻게 자신을 몰아붙이는지 보여준다.

실력자이지만 폭군과도 같은 플렛처 교수를 만나면서 앤드류의 삶은 완전히 달라진다. 아버지와 극장에 다니며 소소한 시간

〈위플래쉬〉주연: 마일즈 텔러, J.K. 시몬즈
감독: 데이미언 셔젤 배급: (주)쇼박스

을 즐기고, 팝콘을 파는 여대생과 사랑에 빠질 줄 알며 수줍게 고백했다가 상대의 반응에 흥분할 줄도 알았던 앤드류는 플렛처 교수를 만나면서 '최고가 아니면 아무것도 아닌' 인생을 경험한다.

피나는 연습이라는 말이 그저 비유가 아니라, 피가 나도록 드럼을 연주하는 앤드류의 눈빛은 무섭다. 영화에 등장하는 플렛처 교수의 2가지 교육방침은 매우 잔인하다. 끊임없이 경쟁시키고 뒤처지면 기회를 주지 않는다는 것과 수치심을 자극한다는 것이다. 어쩌면 인간적인 삶에서 최대 악이 되는 2가지 방침을 '최고가 되기 위한 당연한 절차'처럼 사용한다.

앤드류의 자기학대가 극한으로 치닫고 결국 학교를 더 다닐 수 없을 만큼 병들어 있을 때조차 플렛처 교수의 무자비함은 멈추지 않는다. 학교에서 앤드류를 불러 면담하는 과정에서 이전에도 다른 학생들이 플렛처 교수의 영향으로 우울증에 걸리고 자살에 이른 사실들을 알려주는 것은 충격적이다.

완벽을 추구하며 나를 버리는 일. 그렇게 하도록 부추기고 최고가 되기 위해선 당연하다는 플렛처 교수의 신념은 제자가 죽고 자신이 학교에서 쫓겨나도 변함이 없는 것처럼 보인다.

한편 완벽한 연주를 위해 관계를 포기한 앤드류에게서 주변 사람들이 떠나고, 그마저 자신을 버리게 되는 과정을 보면서 초라한 '자기(self)'가 완벽한 음악과 대조를 이룬다. 영화의 마지막 장면에서 플렛처 교수에게 화를 쏟아내는 앤드류의 연주는 감동적이다. 자기로 향했던 화는 비로소 정확한 대상에게로 터져 나왔다. 이제 앤드류는 초라한 자기를 다독이며 또 다른 삶, 완벽하지 않아도 충분히 특별하고 오히려 행복할 수 있는 삶으로 돌아갈 수 있을 것인가?

**》 사랑할 수 있다면 우울의 늪에서
   벗어날 수 있을까?**

결국 자기와의 관계에서 빠져나와 타인과 진심으로 소통할 수 있을 때(그것이 미움이건 사랑이건 간에), 우울증은 치유되고 자기애적 성격도 변화될 수 있다.

영화 속 앤드류가 성공에 도취되어 무비판적으로 수용했던 플렛처 교수의 말에 반기를 들자 비로소 그의 삶이 보이기 시작했다. 성취하지 못한 나는 아무것도 아니며 관계 역시 하찮다고 느꼈던 과거에서 벗어나 힘 있게 자기 삶을 연주해나갈 것이다. 그가 사랑했던 가족들과 여자친구의 존재가 소박해보이지만 그 자체로 얼마나 위대한지 깨닫게 될지도 모르겠다. 특별한 재능으로 완벽한 연주를 해내는 음악가의 삶처럼 사랑하는 가족과 함께 영화를 보고 애인과 데이트를 즐길 수 있다는 것이 얼마나 귀한 삶인지 알게 되면 선택이 필요한 순간에 좀더 여유를 갖고 무언가를 포기할 수 있다.

그럴듯해보이는 사람들도 그저 한 인간일 뿐이고, 인간이라면 누구나 약점을 갖고 있으며, 어쩌면 그것이 진정 매력이라는 걸 알 수 있다면 얼마나 좋을까?

B는 상담이 장기간 지속되면서 스스로의 약점을 조금씩 공개하기 시작했고 수용하고 공감하는 가운데 편안해졌다. 뻣뻣하게 경계하던 모습도 점차 사라지고 갈수록 편안하게 자신의 이야기를 꺼냈다. 중요한 대상관계를 다루는 것이 중요하다고 말해도 이성문제 따위는 말할 가치도 없다며 한발짝 물러섰던 그가 서서히 여자친구에 대한 불만, 그리고 얼마나 그녀에게 의지하고 있는지에 관한 속마음을 공개했다. 상담관계에서 솔직해지는 만큼 여자친구에게 솔직할 수 있었고, 개인적인 성취를 위해 스스

로를 몰아붙이는 일에서 한발짝 물러나 사랑하는 사람을 생각하고 관계를 보살피는 일에 관심을 쏟게 되었다.

인간은 신이 아니기에 완벽할 수 없다. 그리고 어쩌면 나약하기에 아름다울 수 있다. 로봇처럼 한계 없이 모든 것을 완벽하게 해낼 수 있다면, 그에게서 어떤 매력을 찾을 수 있겠는가. 내가 가진 초라한 일면을 나의 성공을 위한 자극제로 이용하려는 것은 위험하다.

그럼에도 불구하고 조금씩 더 나아갈 수 있는 스스로를 격려해주는 것과 완전히 다른 사람이 되어야 한다고, 내가 가진 전부를 부정하는 것과는 다르다. 나약한 자기를 그 자체로 괜찮고 사랑할 수 있다면, 스스로를 과장하고 몰아붙이느라 상대방도 공감할 수 없게 되는, 자기애적 성향에서 어느 정도는 벗어날 수 있을 것이다.

너무 잦은 이별: 텅 빈 자기와 공허감
"쉽게 사랑에 빠지고 결국 실망하고 헤어져요"

너무 쉽게 사랑에 빠지고 또 쉽게 빠져나오는 사람들. 자기중심적인 연애의
이면에는 누군가로 채워야만 하는 텅 빈 자기가 있으며 자존감의 문제와 연결된다.

29살의 직장인 C는 애인과 헤어지고 돌아서는 길에 왠지 모를
서늘한 감각이 등 뒤를 스쳤다. 친구에게 전화를 걸어볼까 하다
가 내키지 않고, 집으로 돌아가자니 순간 어머니의 얼굴이 스치
자 그 역시 피하고 싶다. 어딘가로 들어가 이 익숙한 기분에 대해
곰곰이 생각해보아야 할 것만 같다. 그냥 슬프고 외롭다고 하기
엔 모자란 서늘하고 텅 빈 기분 말이다. 길을 걷다 작은 바(bar)
로 들어선 그녀는 이제야 안심이 된다. 3개의 테이블과 한 명씩
앉는 자리의 아담한 술집은 무심한 주인 언니부터 각자의 세계
에 빠져 있는 사람들이 혼자가 아니지만 혼자인 안정감을 주는

곳. C는 난생 처음으로 위스키를 한 잔 주문했다. 친한 친구에게도 전화할 수 없었던 건 부끄럽기 때문이다.

집에서 그녀를 맞이할 어머니의 모습은 조금 성가시고 부담스러웠다. 반복되는 실연을 보고하기엔 스스로가 너무 초라해보였고, 엄마의 눈치를 살피며 반응하기엔 에너지가 너무 부족했다. 그리고 중요한 건, 텅 빈 이 마음을 어떻게 표현해야 할지, 뭐라고 규정할 수 있을지 스스로도 도무지 알 수가 없었다.

» 본받고 싶은 사람이
최악의 상대가 되다

이별 후 친구에게 전화를 걸기가 내키지 않는 이유는 무엇일까? 인간의 감정은 복잡해서 2가지 상반된 마음으로 혼란스러울 때가 적지 않다. 심리학에서는 이를 '양가감정'이라고 부른다. 즉 나를 떠난 그가 미우면서도 너무 보고 싶다. 죽고 싶다는 생각 이면에 정말 잘 살아보고 싶다는 의지가 공존한다.

전적으로 내 편을 드는 친구의 위로는 내 마음이 혼란스러울수록 불편하게 느껴진다. C가 선뜻 친구에게 전화하지 못한 이유도 바로 그 때문이었을 것이다. 그럼에도 불구하고 동시에 우리는 혼란스러운 감정을 간직하고 있기가 버겁다. 마음이 정리되어야 이후의 행동도 결정할 수 있기 때문이다.

따라서 본능적으로 나를 보호하려는 우리들은, 헤어진 애인에 대해 '나쁜 사람' 혹은 '좋은 사람'으로 판단내리고 싶어 한다. 단순하게 떠난 그를 규정짓고 홀연히 내 삶을 살 수 있다면 괜찮다.

그런데 그렇게 단순치가 않다는 게 문제다. '나쁜 사람'이라고 규정짓고 친구들과 열심히 뒷담화를 하고 나서 뒤돌아보면, 허무해지고 자괴감에 빠지기 쉽다. 떠난 그를 나쁜 사람이라고 욕하고 나면 순간 좀 후련할 수 있지만, 나쁜 사람을 사랑한 나는 얼마나 어리석은 사람이란 말인가. 반대로 '좋은 사람'으로 규정하는 것도 문제다. 붙잡고 싶은 마음에 좋은 사람에 대한 연민까지 더해져 도무지 미련을 버리기가 쉽지 않아진다. 기다리고 그 와중에 소설을 쓰고 지우는 모든 일들이 마치 고문 같이 느껴질 것이다.

여기까지는 일반적인 이별의 사건에서 느낄 수 있는 우리 안의 갈등이다. 자기애적 성향의 사람들은 어떨까? 좋은 사람과 나쁜 사람을 가리는 기준이 자기중심적이며 그 속도가 무척 빠르다. 순식간에 우상을 만들었다가 단번에 파렴치하고 무지한 사람으로 만들어버린다. 짧은 시간 동안 상대방을 들었다놓았다 하고, 사랑이라 느꼈다가 아니라고 확신한다. 너무 쉽게 빠지고 너무 쉽게 빠져나오는 것. 상대가 어떤 상처를 받고 어떻게 느끼는지는 전혀 고려 대상이 아니다.

그 혹은 그녀는 텅 빈 자기를 어찌할 줄 몰라 그것을 채워주는 누군가로 인해 잠시 현실에 발을 붙이는 것처럼 보인다. 어쩌면 그들은, 그 누군가를 통하지 않고서는 삶을 이어가기 어려운지도 모르겠다.

》 사랑에 빠진 걸까,

그냥 허전한 걸까?

C는 아주 어렸을 때부터 누군가를 짝사랑해왔다. 누군가 '어떤 스타일을 좋아하냐'는 물음에 그녀가 쉽게 대답할 수 없었던 이유는, 별로 공통점이 없었기 때문이다. 공통점이라고 한다면, 그 순간 매우 대단해보였다는 것 정도? 특히, 내가 잘할 수 없는 것들을 잘하는 사람(대단히 지적(知的)이어서 아는 것이 많고 설명을 잘해준다거나 말을 청산유수로 잘한다거나 거절을 잘하는 등)들이었다.

어린 시절 학교 선생님이나 교회 오빠, 연예인 등을 짝사랑할 때는 의식적으로도 그들을 신처럼 동경한다는 사실을 알고 있었다.

그런데 문제는 대학에 들어간 이후, 연애를 시작하면서부터였다. 그녀는 결정하기 힘든 일에 대해 날카롭게 조언해주는 사람에게 순식간에 끌려서 그의 모든 면을 사랑하게 되고, 결국 무언가에 홀린 듯 연애를 시작하고 금세 식어 빠져나오는 일이 반복되었다. 두세 달의 짧은 연애가 반복될 때마다 C의 허전함의 크기는 더욱더 커지는 것 같았다. 자기의 한 면을 그에게 모두 쏟아붓고 자기자신을 사랑하듯 일체감을 느꼈던 터라, 이별 후엔 내 일부분이 떨어져나간 것처럼 느껴졌다.

결국 중요한 것은 상대가 어떤 사람인지가 아니었다. 그녀는 어쩌면 자기의 부족한 면, 나아가 스스로 잠재력으로 갖고 있으나 미처 개발하지 못한 '나'를 찾고 있었는지도 모른다. 그리고 지지고 볶는 연애 끝에 '그'가 보이면 서서히 멀어지고, 있어도 없어도 상관없는, 그저 성가신 상대가 되어버린다. 이런 과정에서 사랑을 느낄 수 없는 상대방은 떠나버리고, 홀로 남은 그녀는 부족한 자기를 안고 허전함 속에서 불안해 할 것이다. 그 불안은 또다시 자신을 채워줄 누군가를 찾게 만들고 그녀의 절박함은 또 누군가를 끌어들이게 된다.

물귀신처럼 이 사람 저 사람을 떠도는 C는 사랑과 이별이라는 무거운 주제를 이해하지 못하는 것처럼 보였다. 사랑이란 게 대체 무엇인지 그 수많은 연애 속에서도 알 수 없었다. 이별 후

울먹이는 그녀의 모습에서 슬픔과는 다른 묘한 그림이 그려진다. 눈물은 내 마음과 접촉하는 어느 지점에서 뜨거운 감정과 만나 흐르는 게 보통이다. 따라서 앞에 앉은 이가 울면 내 마음도 움직이게 마련이다.

그런데 어떤 눈물은 전혀 공감이 가지 않는다. 그녀의 차가운 눈물은 이렇게 말하는 것처럼 보였다. '대체 왜 매번 나만 재수가 없는 거야?' '잘나지도 못한 사람을 내가 굳이 왜 만났지? 그간 허비한 시간은?' '주말 동안 빈 시간을 이제 어떻게 보내야 하지?' C에게 연애상대란, 더이상 이용할 수 없는 도구(부족한 자기를 돋보이게 할 이상적인 누군가)를 잃어버린 것과 다름없었다.

》 〈500일의 썸머〉, 완벽한 사람이란 없다.

다만 내가 그(그녀)를 완벽하게 보는 것일 뿐!

영화 〈500일의 썸머〉는 로맨틱 코미디의 형식으로 연애의 쓴맛과 단맛을 동시에 보여주는 유쾌한 작품이다. 속된 말로 찌질한 남자 톰이 화려한 여자 썸머를 만나 그저 좋은 시간들만 보내던 중 갑자기 떠나버린 썸머를 붙잡을 수 없어 현실을 부정하고, 분노하며, 우울해진 과정을 거쳐 또 다른 여자를 만나는 이야기다.

누구에게나 잊었던 계절, 썸머!

[ ]

DAYS OF SUMMER

500일의 썸머
06.29. 갈 지내니?

〈500일의 썸머〉 주연: 조셉 고든 레빗, 주
이 디샤넬 감독: 마크 웹 배급: (주)팝엔터
테인먼트

어쩌면 인간의 마음이, 우리가 사랑이라고 말하는 것들이 얼마나 가벼운지를 보여주는 것 같아 쓸쓸하다. 상대 여자의 이름도, 썸머(여름)를 지나 어텀(가을)을 만나게 되는 것이 영원할 것만 같은 사랑이 그저 계절처럼 왔다가는 것일 뿐이라는 걸 수용하라는 것 같아 우습다.

그럼에도 불구하고 톰이 500일간 만났던 썸머는 너무나 완벽하고 사랑스럽다. 어떻게 그렇게 완벽하게 사랑할 수 있는지 의심스러울 정도로 톰은 썸머의 모든 것을 수용하고 그 이상으로 찬사를 보낸다. 아마도 그녀 역시 스스로가 그토록 사랑스러운 사람인 줄 몰랐을 것이다. 어린아이에게 보내는 부모님의 사랑처럼 톰의 무조건적 존중과 사랑은 결국 썸머를 떠나게 만들었는지도 모르겠다.

칭찬은 때로 그 자체로 폭력이 된다. 자기(self)가 불안정한 사람은 상대방의 칭찬에 쉽게 흔들리지만, 그만큼 그것을 의심하고 두려워하기도 쉽다. 그 앞에서 늘 칭찬받을 만한 존재가 되어

86

야 하기 때문이다. 아기들은 성장과정에서 자연스럽게 이러한 좌절을 겪는다. 나를 최고로 만들어주었던 부모님에게는 또 다른 역할이 있기 때문이다. 무언가를 제지하기도 하고 혼내기도 할 때 아이는 좌절하고, 그 순간을 함께 다독이기도 하면서 찬사가 전부는 아닌 세상을 살아낼 수 있다.

그러나 연인관계는 또 다르다. 썸머는 어쩌면 자신을 지나치게 이상화시킨 톰의 그늘에서 갑갑함을 느꼈을지도 모르겠다. 썸머가 떠난 후 결혼을 결심했다며 완벽한 다른 남자를 묘사하는 장면이 인상적이다. 썸머 역시 모자란 자기를 채워줄 이상적인 상대가 필요했을까? 두 사람 모두 너무 미숙했다.

이제 완벽한 상대를 찾아 완벽한 연애를 꿈꾸는 것이 아닌, 평범한 상대와 일상적인 행복을 만들어가면 된다. 여름이 가면 가을이 오는 것처럼 말이다. 우리 곁을 지나가는 계절의 신비처럼, 일상적이지만 그대로 참 좋은 그런 사랑 말이다.

결국 평범한 사랑이, 누군가를 이상화했다가 순식간에 평가절하하고 마음이 식어버리는 C를 공허함 속에서 구해줄 수 있을까? 누군가에 의해 자기가치가 높아지기도 하고 낮아지기도 한다면 자존감을 안정적으로 유지할 수 없다. 상대방이 어떤 사람이냐에 따라 나의 가치가 바뀐다는 것은 '나는 없다', 즉 존중할 나조차 없는 공허한 상태를 말하는 것일 수 있다.

나를 사랑할 수 있어야 다른 누군가도 사랑할 수 있다. 스스로 완벽할 수 없음을 인정해야 완벽하지 않은 상대에게서 매력을 느낄 수도 있을 것이다. 완벽해보이는 사람도 실은 그렇지 않다는 것을 수용할 수 있다면, 완벽함만 보려고 상대방을 갑갑하게 하거나 극단적으로 이별하게 되는 일은 없을 것이다.

사랑을 유지하기 위해 C는 우선 스스로를 있는 그대로 바라볼 수 있어야 한다. 일상 속에서 나의 자존감을 유지할 수 있고, 평범하지만 나와 잘 맞는 사람과의 관계에서 만족할 수 있다면, 좀더 길게 연애라는 걸 할 수 있지 않을까?

나를 사랑할 수 있어야
다른 누군가도 사랑할 수 있다.
스스로 완벽할 수 없음을 인정해야
완벽하지 않은 상대에게서
매력을 느낄 수도 있을 것이다.

사례를 읽으며 나 혹은 그들의 행동에 대해 일단 마음을 열게 되었다면 이제 좀더 깊이 그 배경을 이해해볼 차례다. 성격을 말할 때 가장 중요한 것은 스스로에 대한 생각, '자기개념'과 더불어 관계에 대한 생각 혹은 그로 인한 태도 등이다. 따라서 PART 2에서는 '자기'에 대한 이론과 관계 안에서 비교를 통해 자라나는 '열등감', 나아가 양육자와의 바람직한 관계는 어떤 것인지, 그리고 소외·우울·자존감 등에 대한 내용을 정리해보았다. 이는 PART 1에서 다룬 6가지 사례에서 핵심이 되는 개념을 순서에 맞게 정리해놓은 것이기도 하다.

자기사랑의 기술이
나를 행복하게 한다

'나'는 어떻게 형성되고 성장하는가?:
자기(self), 자기대상(selfobject)

건강한 자기는 양육자와의 관계에서 토대를 마련하지만, 이후의 다른 대상과의 상호작용을
통해 변화한다. 좌절을 함께 보듬고 치유해갈 수 있다면 취약했던 자기도 단단해질 수 있다.

직장생활을 시작한 지 얼마 안 된 A는 지인의 추천으로 상담실
을 찾아왔다. 그녀는 딱히 힘든 일은 없는데 최근 짜증이 좀 많아
진 것 같다고 했다. 무료하던 참에 동료가 다녀왔다는 말을 듣고
성격검사나 받아볼까 싶어 찾아온 것이다. 그녀는 뭔지 모르게
어두워보였다. 드문드문 자신에 대해 하는 말들은 애를 쓰고 집
중해야 알아들을 수 있었다.

그런 그녀가 성격검사 결과지를 함께 보며 해석상담을 진행
하는 과정에서 조금씩 밝아지는 것 같았다. 그녀는 내가 이런 사
람인지 미처 몰랐다고 말했다. 본인이 싫어하던 어떤 측면에 대

해서도 '내 성향이 이랬구나!'라며 수용하기 시작했다. A의 짜증과 뭔지 모를 불편감은 자기에 대해 잘 알지 못한 채 상황에 끌려다니는 것에 대한 불만에서 비롯된 것 같았다.

그저 알게 되는 것만으로도 조금 편안해진 A는 그제서야 당면한 문제들을 문제로 인식하고 하나둘 끄집어내기 시작했다. 이처럼 '자기(self)'를 알아가는 것은 내 문제의 실마리를 찾고 한 발 앞으로 나아가는 출발점이자 과정이고 어쩌면 결론이 된다.

'자기'란 말은 나 자신을 지칭할 때뿐만 아니라 때론 사랑하는 대상이나 상대방을 친근하게 부를 때에도 사용한다. 심지어 누군가에게 부정적인 감정을 표현할 때에도 우리는 그를 자기라고 말한다. 애정이 담긴 말에서부터 상대를 폄하하는 용어에 이르기까지 모두를 표현할 수 있는, 어쩌면 우리말로 번역된 '자기'는 다양한 감정을 포괄하는 복잡한 단어인지도 모르겠다. 심리학에서 '자기(self)'는 인간의 의식구조를 세분화할 때 쓰이는 '자아(ego)'와는 다른 용어로 전체 인격체를 뜻한다.

프로이트가 인간의 의식을 본능의 '이드', 현실적인 나를 지칭하는 '자아', 그리고 도덕적인 나를 말하는 '초자아'로 구분했다면, 자기는 그 모든 것을 포괄하는 개념인 것이다. 프로이트의 고전적인 정신분석에서는 현실에 잘 적응하기 위해 자아를 강화시키는 것에 중점을 두었다면, 이후 현대정신분석학 혹은 정신분석학에 반기를 들고 새롭게 발전한 심리학 이론에서는 한 개인의 전체성, '자기'에 더 많은 관심을 갖는다.

》 하인즈 코헛의 '자기',

그리고 '자기대상'

현대정신분석학의 주요 이론이 된 '자기심리학'의 창시자 하인즈 코헛(Heinz Kohut)은 1971년 『자기의 분석』이란 저서를 통해 전통적인 정신분석이론에서 벗어난 독자적인 자기애의 발달과정을 제시했다.[11]

정신분석학의 창시자 프로이트가 '자기애'에 대해 성도착적 행위로 혹은 발달단계의 하나로 설명한 반면, 코헛은 인생의 어느 시점에서나 나타날 수 있는 '자기를 강화하려는 욕구'라고 주장한다. 즉 자기를 사랑하고 자기에 몰두하며 자기를 바라봐주기를 바라는 욕구는 누구에게나 보편적이라는 것이다. 또 발달과정의 어느 시점에서만 필요한 것이 아니라 전 생애에 걸쳐 나타날 수 있다고 보았다.

그럼에도 생애 초기의 경험은 무엇보다 중요하다. 코헛 역시 어린 시절 '자기'가 형성되고 성장하는 과정에서 주양육자(주로 어머니)와의 관계가 큰 영향을 끼친다고 말한다.

자녀문제로 상담을 받으러 오는 많은 부모들은 아이의 행동이 타고난 기질 때문인지 자신의 반응 때문인지 궁금해 한다. 이에 대해 결론적으로 말하자면, 기질과 환경 모두가 아이의 증상 혹은 문제행동이라 불리는 결과에 대한 원인이 된다. 유난히 사람들의 눈치를 많이 살피고 조심스럽게 행동하는 아이는 워낙 섬세하고 특히 사람들의 감정을 잘 알아차리는 기질 때문에 관계에서 더 불안을 잘 느낄 수 있다.

그럼에도 불구하고 자기를 충분히 사랑해주고, 있는 그대로 인정해주는 부모가 있다면 어떨까? 불안하지만 그것을 애써 감추려고 하기보다 표현하면서 해소할 수 있고, 따라서 불안하지 않으려고 애쓰면서 더 불안해지는 부작용은 피할 수 있다. 괜찮은 척하면서 부자연스럽게 행동하거나 나도 모르게 신체를 떨거나 반복적인 행동을 하는 등의 증상을 보인다면 그것은 자기를, 자기감정을 부정하느라 억눌린 또 다른 불안의 표현이라고 보아야 하고, 이것에 대해서는 부모의 양육태도를 점검해야 한다.

'자기'는 일정 부분 타고난 기질로 형성되지만 그에 대한 인식은 대상에 의해 형성된다. 코헛에 따르면 그 첫 번째 대상이 되는 어머니가 아이에게 갖고 있는 기대와 아이의 타고난 잠재력이 만날 때 '초기 자기(rudimentary self)'가 시작되며, 자라는 동안 어머니와의 상호작용을 통해 '핵심 자기(nuclear self)'가 형성된다. 어쩌면 부모의 기대와 아이의 잠재력이 상반될 때 갈등이 심해지고 마음의 병이 자라는지도 모르겠다.

한 엄마는 불안이 높아 끊임없이 무언가를 해야 했다. 임신중에, 건강이 안 좋아질 때에도 좀처럼 쉬지 못했고 아이를 낳는 그날까지 야근을 하느라 바빴다. 그렇게 태어난 딸은 우선 몸이 허약했다. 임신중에 무리한 탓에 아이는 엄마 뱃속에서 충분히 자라지 못한 채 태어났다. 이에 대한 부모의 죄책감은 아이에게 더 집착하는 결과를 낳았고 그럴수록 아이는 나약해졌다. 문제는 불안이 높은 엄마가 본인의 성격을 너무 싫어한 나머지 대범한 아이이길 기대한 것이다. 아이는 기본적으로 부모의 유전자를 물려받기 때문에 닮을 수밖에 없다.

따라서 부모가 자신의 성격을 수용하고 공감하지 못하면 아이에게도 비판적이 된다. 약하게 태어난 아이는 부모의 불안으로 더 소심해졌으며, 그런 아이의 나약함을 인정하기 싫었던 엄마의 질책으로 불안을 숨겨야 하는 아이는 더욱 더 불안해졌다. 늦게나마 아이의 기질을 인정하고 불안함을 끌어안고 조금씩 나아갈 수 있도록 지원해주어야 한다. '자기'는 고정된 것이 아니라 성장하고 변화한다는 측면에서 가능성은 얼마든지 있다.

이와 같은 부모와의 상호작용에서, 성공과 실패를 거듭하며 아이의 '자기'를 키워가는 과정에서 또 중요한 것은 바로 '좌절'에 관한 것이다. 인간은 사회 속에서 관계를 맺고 성장한다고 볼 때 타고난 기질, 본능 등을 그대로 다 누리며 살아갈 수는 없다. 어떤 것은 무시하고 좌절시켜야 상대방을 공감할 수 있는 능력도 자라고, 참고 견디며 성취하는 과정에서 자신감도 자랄 수 있다.

따라서 좌절 없이 그저 아이에게 다 맞추어주는 것도 아이가 홀로 설 힘을 키우는 데 방해가 된다. 그리고 이때의 좌절은 적절한 시기, 적절한 강도로 이루어져야 한다. 코헛은 이를 '최적의 좌절'이라고 불렀는데, 반대로 상처가 되는 좌절을 경험할 경우 아이는 이를 견뎌낼 수 없어 무의식으로 기억을 차단하고, 이는 건강한 자기의 발달에 부정적인 영향을 끼치게 된다.

이혼 가정에서 자란 아이를 생각해보자. 부부싸움이 잦은 가정에서 태어나 늘 긴장해야 했던 아이가 있었다. 그리고 어느 날 그의 아버지가 사라진다. 영문도 모른 채 사라진 아버지에 대해 아무도 제대로 설명해주지 않는다면 어떨까? 이승우의 장편소설 『사랑의 생애』에 등장하는 남자 주인공은 어린 시절 갑자기 아버지가 집을 나갔던 장면을 기억한다. 성인이 된 그는 사랑에 대해 회의적이다. 아니 정말 그런 것인지도 알 수 없게 혼란스럽다. 마음을 몰라 여자를 떠나보내고 뒤늦게 사랑에 빠진 스스로를 감당하지 못해 힘들어한다.

과거 부모님의 이혼이, 그것도 제대로 설명되지 않은 좌절이 그에게 얼마나 큰 상처가 되었는지, 이해할 수 없는 상황을 받아들이기 위해 홀로 애쓰고 지치기도 했을 그의 마음이 그려진다. 부모님의 이혼은 그 자체로 큰 아픔이었을 것이다. 그리고 누구나 아픔을 겪으며 성장한다. 문제는 '그 아픔을 겪는 과정에서 적절한 도움을 받았는가?'이다.

최적의 좌절은 충격흡수장치를 제공하는 것과 같다. 큰 충격을 받고 그것이 삶에서 쓸데없는 에너지를 쓰게 만들거나 상처로 남지 않도록 보호해주는 과정이 필요하다는 것이다. 상처에 약을 바르고 괜찮아질 때까지 관심을 쏟고 아픈 마음을 위로해주는 누군가가 있다면 그렇지 않은 것과는 분명 다를 것이다.

》 자기대상,

　　심리적 어머니가 필요하다

이렇게 자기발달에 중요한 대상을 코헛은 '자기대상(selfobject)'이라고 정의를 내렸다. 그에 따르면 아기가 생존을 위해 산소가 필요하듯이 정신적 생존을 위해서 공감적이고 반응적인 인간환경이 필요하다는 것이다.

이렇게 아기의 필요와 소망에 따라 적절하게 반응해주는 양육자를 일컬어 자기-대상(self-object)이라 불렀는데, 이후 코헛은 아기가 대상을 자신의 일부로 경험한다는 것, 또 독립적 대상으로 인식하기보다는 필요를 충족시켜주는 하나의 기능으로 느낀다는 점에서 자기와 대상의 가운데 하이픈(-)을 뺐다. 미숙한 유아의 자기는 '자기대상'을 통해 자기가 어떤 사람인지를 알아가고, 그것을 유지하는 가운데 융통성을 발휘하기도 하며 성숙해간다.

앞서 언급한 최적의 좌절을 제공하는 것도 바로 이 자기대상의 역할이다. 취약한 자기의 문제로 자기애성 성격장애에 이른 사람들은 어린 시절, 자기대상의 역할이 부재했거나 부적절했을 것이라고 가정한다. 적절한 시기에 적절한 좌절이 필요했던 아이에게 양육자가 너무 이른 시기에 너무 큰 상처를 남겼던 것이 원인이 되었을 수 있다.

앞서 언급한 소설 속 주인공처럼 아버지가 떠난 상황, 또 남편을 잃고 슬펐을 어머니가 아들을 제대로 보살피지 못했을 경우 충격흡수장치 없이 고스란히 견뎌야 하는 좌절이 건강한 자기의 발달에 장애물이 된다는 것이다.

아무도 깊이 공감해주지 못한 상처를 스스로 공감하지 못하는 것은 당연한 일이다. 자기자신에게 공감할 수 없는 사람은 있는 그대로 자기를 드러낼 수 없다. 아닌 척 감추느라 에너지를 쏟는 탓에 상대방의 이야기에 귀를 기울이기도 어렵다. 그러니 누군가를 공감한다는 것은 쉽지 않은 일이다. 포장하고 관리하며 누군가 자신을 사랑하게 만들 수는 있지만, 진심으로 상대방을 사랑하지는 못한다.

더불어 코헛은 자기대상이 자기가 발달하는 데 필요한 경험들을 제공해주며, 나아가 성인에게도 평생 동안 꼭 필요하다고 강조하며 "태어날 때부터 바로 죽기 직전까지 자기대상의 적절한 반응을 필요로 한다."고 말했다.[12] 결국 성인에게도 심리적인 엄마가 필요하다는 것이다. 바로 이것이 치료의 실마리가 된다. 상담자는 상담을 받으러 오는 내담자에게 자기대상의 역할을 해주며, 공감의 실패마저 공감하면서 조금씩 마음을 열게 돕는다.

**» 거짓 자기에 가려진 진짜 자기를 찾는 과정,
게슈탈트 이론**

자기에 대한 개념은 대부분의 상담심리학 이론에서 중요하게 언급된다. 내용은 조금씩 다르지만 타고난 기질과 환경을 아우르는 것은 동일하며, 조금씩 살을 덧붙이며 발전한다고 봐도 좋다.

프로이트의 고전적인 정신분석이론에서의 결정론적 세계관에 반기를 든 '게슈탈트 심리학'은 실존주의 철학을 기반으로 자기의 개념을 설명하고 있다.

'전체는 부분의 합 그 이상이다'라는 기본개념을 바탕으로 인간을 쪼개어 분석하는 것을 경계하는 게슈탈트 이론에서는 과거의 경험, 그 자체를 중요시하지 않는다. 경험의 주체가 누구냐에 따라, 지금 이 순간의 환경에서 어떻게 표현하고 있는가를 더 중시한다. 이는 '자기'에 대한 이론에도 적용된다. 즉 '고정된 자기란 없고 매순간 변화할 수 있다'는 것이다. 누굴 만나고 누구와 관계를 맺느냐에 따라 변화하고 성장하는 자기의 가능성을 믿는 것이다.

그러나 초기 어머니와의 관계에서 기본적인 자기가 형성된다는 것에 대해서는 코헛과 다를 바 없다. 과거로부터 어머니와의 관계에서 만들어진 자기가 존재하고, 그것이 상담자 혹은 중요한 대상과 관계를 맺으면서 새로운 자기를 만들어내는 토대가 되는 것이다. 따라서 자기가 건강한지 그렇지 않은지는 과거 경험의 영향을 받는다.

게슈탈트 이론에서는 '거짓 자기'와 '진짜 자기'로 구분하는데, 초기 아동기 부모와의 '진실한 접촉'이 부족했던 것이 자기애적 병리의 특징이라고 보았다. 한 개인으로 대우받기보다는 부모의 욕구에 따라 이용된 개인사를 가진 경우가 많다는 것이다. 성인이 되어 자기애적이 되는 사람은 어린 시절 부모의 침해가 있기 때문에 자신의 진짜 자기를 보호하기 위해 주관적인 이미지, 특히 과장됨과 이상화의 이미지 속에 살게 된다.[13]

거짓 자기에 가려져 진짜 자기를 성장시키지 못한 자기애적인 사람은 수치심이 많으며, 안전감을 느끼려면 외부적인 것을 이용해야 한다. 게슈탈트 이론에서는 이를 '장의존'이라고 말하는데, 쉽게 말해 환경에 따라 자기에 대한 느낌이 쉽게 변화한다고 볼 수 있다. 인정받지 못하거나 자신의 감정과 신념을 다른 사람들이 반영해주지 않으면 이들은 자신을 투명인간처럼 느끼고, 자신의 안녕뿐만 아니라 심리적 존재감마저 위협을 느낀다.

이처럼 취약한 자기를 치료하기 위해서는 그들 자신의 욕구와 능력을 포함해 다른 사람들의 욕구, 한계 등을 느낄 수 있도록 도와주어야 한다.

모든 관계에서 좌절과 갈등이 발생할 수밖에 없으며, 이 과정에서는 어려움을 동반한다는 것을 깨닫고 견딜 수 있도록 힘을 주어야 한다. 그들의 욕구를 공감적으로 조율해줌으로써 감당하기 어려운 위축감과 고갈되는 느낌으로부터 보호하고, 지속적인 관계경험 속에서 진짜 자기를 만날 수 있도록 도와야 한다. 과장하지 않아도, 이상화하지 않아도 초라하고 약한 채로 괜찮은 나를 만날 수 있어야 하는 것이다. 이때 무엇보다 안전한 환경의 제공, 공감적인 반응 등이 중요하다.

따라서 게슈탈트 이론에서 말하는 상담자의 역할 역시 코헛이 주장한 자기대상의 역할과 크게 다르지 않다.

》〈굿 윌 헌팅〉

"너의 잘못이 아니야!"

〈굿 윌 헌팅〉 주연: 맷 데이먼, 로빈 윌리엄스 감독: 구스 반 산트 배급: 브에나 비스타 인터내셔널 코리아

구스 반 산트(Gus Van Sant) 감독의 1998년 영화 〈굿 윌 헌팅〉에서 주인공이 상담을 통해 변화하는 과정은 감동적이다. 맷 데이먼이 열연한 주인공 윌은 천재적인 두뇌를 갖고 있었지만 어릴 적 상처에서 벗어나지 못해 세상에 마음을 열지 못했다. 거만한 윌과 수치심으로 가득한 윌 사이를 오가던 그가 심리학 교수인 숀을 만나 진실한 자기를 찾아가는 이야

기는 자기애적 성향이 변화하는 과정을 잘 보여준다.

월의 상처를 알아본 손은 여러 가지 방법으로 접촉을 시도한다. 본인의 상처를 기꺼이 보여주고 때론 화도 내지만 어쩌면 그런 그의 나약함이 월의 마음을 움직였는지도 모르겠다. 나약한 채로 진심으로 소통하고자 하는 손에게 월은 과거를 조금씩 내비친다. 그리고 그에게 깊이 공감한 손은 단호하게, 월을 똑바로 쳐다보며 반복해서 말한다. "너의 잘못이 아니야!"라고.

상담자는 내담자를 판단하는 사람이 아니다. 조언을 해주고 방향을 제시해주는 사람 역시 아니다. 그렇다면 상담자의 역할, 손이 단호하게 전달한 메시지는 무엇이었을까? 월의 감추어진 속마음, 진짜 자기를 대변한 외침이 아니었을까? 안타까움에 들여다본 그의 과거에 '내 잘못이 아니에요'라고 말하는 작은 아이를 손은 알아차린 것이 아닐까? 그리고 그 아이의 목소리에 깊이 공감한 상담자는 위축된 자기에 힘을 실어준다. 상처로 무너졌던, 오랜 시간 짓밟혔던 내면의 아이를 안아주고 위로해준다.

이제 더이상 날을 세워 감출 필요가 없어진 월의 진짜 자기는 자유를 찾고 스스로의 행복을 향해 힘을 내볼 수 있다. 나아가 누군가의 진심과 접촉한 경험으로 또 다른 관계에서 마음을 열어볼 수도 있다. 공감하고 사랑할 수 있게 되는 것이다.

자기에 대한 개념은 현대 정신분석학에서 강조되어 학자마다
조금씩 다르지만, 결국 동일한 인식을 바탕으로 발전되어 왔다.
'자기애적 성격'은 프로이트가 말한 특정 시기에 고착된 성적인
문제가 아니라, 발달과정에서 중요한 대상과의 관계의 질에 따
라 건강하게 혹은 건강하지 않게 형성된 자기개념의 문제로 기
인한다는 것이다.

앞서 언급한 코헛 이전에 새로운 정신분석학인 대상관계 이
론을 발전시킨 도널드 위니캇(Donald Winnicott)은 타인과의 친
밀한 관계를 유지하면서 동시에 개별화된 존재가 되고자 하는
자기(self)의 험난한 투쟁을 연구했다.[14]

그가 말한 건강한 자기에 대한 정의는 이제껏 강조했던 어머
니와 유아의 관계에 대해 통합과 분리의 개념을 빌어 잘 설명하
고 있다. 여기서 통합과 분리란, 인간이 태어나 어머니에게 절대
적으로 의존하고 있다가 서서히 한 인격체로 자라나는 과정을
말한다. 위니캇은 어머니로부터 독립하는 분리가 단순히 결별을
의미하는 것이 아니라 한 인격을 형성하게 되는 통합의 과정을
포함한다고 했다.

"그러나 통합과 분리를 동시에 성취하는 것은 결코 쉬운 일이 아니다. 자기의 발달은 위험으로 가득차 있다. 어떻게 하면 아동이 어머니의 돌봄 안에서 자신을 잃지 않고 스스로를 발견할 수 있을까? 어떻게 하면 아동이 모성적 자원들을 유지하면서 자신을 분리시킬 수 있을까? 어떻게 하면 사람들이 자신들을 고갈시키지 않으면서 의사소통을 하고, 타자에게 함몰되지 않으면서 스스로를 발견하고, 타인에게 착취당하지 않으면서 관계를 맺을 수 있을까? 어떻게 하면 사람들은 다른 사람들과 고립되지 않은 채로, 자신의 인격의 핵을 유지할 수 있을까?"

여기서 우리는 자기의 발달, 즉 '건강한 자기가 무엇인지'에 대해 유추해볼 수 있다. 어머니와의 안정적인 돌봄 안에서 건강하게 의존하고 그 안에서 자신을 발견하게 되며 서서히 자신을 분리시키게 된다. 그 과정에서 적절한 좌절을 경험하고 이겨내며 자기에 대한 힘을 얻게 된다. 이러한 성장과정을 통해 건강한 자기를 발달시킨 사람은 이후의 관계에서도 서로의 자기를 손상시키지 않는 범위 내에서 좋은 관계를 맺을 수 있다. 결국 모든 인간은 대상과의 상호작용을 통해 자기를 형성한다.

이에 보다 적극적으로 코헛은 '자기대상'이란 개념을 만들어냈으며, 게슈탈트 이론에서는 공감적인 환경을 중시하고 있다.

결국 자기애적 성격이 개인을, 사회를 병들게 하는 배경에는 양육자와의 관계가 큰 영향을 끼치며, 이후 다른 대상과의 관계에서 자기가 어떻게 훼손되었는지를 살펴보아야 한다. 분명한 건 나르시시즘의 문제가 관계와 사회에 끼치는 악영향은 이들이 자라나며 받았던 좌절과 무관하지 않다는 것이다.

결국 현대사회에 만연한 나르시시즘의 문제를 해결하기 위해서는 좌절 경험을 공감하고 좋은 대상관계, 즉 긍정적 관계 경험을 통해 변화를 유도하는 것이 매우 중요한 치유의 과정이다. 누군가를 이용하지 않으면서 진심으로 사랑할 수 있고, 그 과정에서 수치심을 거두고 진실한 마음을 표현할 수 있게 되는 것. 이를 위해 취약한 자기를 조금씩 단단하게 만들어 갈 필요가 있다.

비교와 경쟁이 키우는 마음의 병:
열등감

비교를 통해 자기가치를 인정하게 되면 불안할 수밖에 없다. 언제든지 또 다른 비교로
스스로의 가치를 떨어뜨릴 수 있기 때문이다. 열등감은 타인과의 진실한 소통을 방해한다.

남자친구와 헤어지고 우울했던 B는 정기적으로 상담을 받으면
서 안정을 찾아갔다. 자괴감에 빠져 반복적으로 자해를 하거나
술을 마시는 등의 행동들이 차츰 줄어들었다. 대신 일상에서 경
험하는 소소한 행복들을 나열했고, 남자친구와의 이별에서 느낀
감정들을 하나둘 정리하며 애도과정을 밟고 있었다.

그러던 중 우연히 SNS에 들어가 이전에 알고 지냈던 사람의
근황을 사진으로 보게 되면서 또다시 깊은 우울감에 빠졌다. 화
려한 지인의 사진과 비교해 현재의 내가 너무 보잘 것 없어보였
던 것이다. 순식간에 비참해진 그녀를 보면서 그동안의 노력이

하루아침에 무너지는 것인가 하는 불안한 마음마저 들었다. 그와 동시에 현대인들이 처한 환경이 생각보다 더 위험하고 해로울 수 있다는 점을 생각하게 되었다.

온라인으로 사람들과 연결되고 서로의 일상을 공유하는 것이 보편화되면서 마음의 병은 더욱더 커지는 것 같다. 너무 쉽게 비교할 수 있고, 쉽게 평가할 수 있게 되었기 때문이다. 위기에 처한 사람들은 자존감에 대해 더 많이 생각하고 더 많이 자신을 다독이지만 마음속 깊이 '뒤처지면 안 된다'는 강박관념을 깨기란 쉽지 않다. 자기애적 성향의 사람들 역시 거만한 태도 이면에는 자기혐오와 열등감이 존재한다.

》 열등감과 자기애적 성격의 관계

3년 전쯤 여러 번 파양되었던 고양이를 입양해 '키키'라고 이름을 붙여주고 정성껏 돌봐주었다. 상처받은 경험이 있는 탓인지 키키는 3년이 지난 지금도 가까이 가면 일단 뒤로 물러나는 회피반응을 보이고 낯선 사람이 집에 들어오면 순식간에 숨어버리는 등 소심한 고양이지만, 이제 제법 가족 안에서는 안정이 된 것 같아 동생을 입양하기로 했다. 귀여운 아기 고양이를 키워보고 싶은 마음도 컸지만, 하루 반나절을 집에서 혼자 보내는 키키가 외로울 것 같아서 내린 결정이었다.

그러나 키키는 새로운 상황을 매우 혼란스러워 했다. 2살에 데려와 3년이 지났으니 5살이 된 청년 고양이인데도 아기 고양이를 보고 소스라치게 놀랐다. 아무것도 모르고 천진난만하게 다가서는 아기 고양이에게 겁을 먹어 도망을 치고, 때로는 위협을 하는 등 소심한 공격반응들을 보이기 시작했다. 식음을 전폐하고 침대 밑에서 나오지 않는가 하면 주방에 들어가 하루 종일 앉아 있다가 누군가 들어오는 소리에 냉장고로 올라가 내려오지 않았다. 먹은 것도 없이 토하고 바닥에 오줌을 지리는 등 스트레스 반응들이 나타나기 시작했다. 첫 아이를 키우고 둘째가 태어났을 때 부모들이 겪는 경험을 고양이를 키우는 내가 하고 있는 셈이었다.

인간을 포함한 동물의 본능과 그것이 사회적 관계 속에서 좌절될 때 어떤 식으로 행동하게 되는지, 혹은 어떤 감정에 휩싸이게 되는지 확인하게 되니 신기하기도 애처롭기도 했다.

프로이트가 말하는 성 본능을 넘어서 태어날 때부터 정해진 서열, 즉 사회적 관계 속에서 성격이 형성된다고 주장한 학자가 바로 아들러다. 그는 '열등감'의 개념을 정의내리며 비교로 인해

처참해지는 인간의 모습을 묘사했다.

고양이 키키에게 트라우마가 없었다면 어땠을까? 야생의 세계에서, 혹은 인간세상에서 만난 첫 번째 가족과 끈끈한 관계를 맺고 건강한 자기를 성장시켰다면, 아기 고양이를 본 키키의 마음은 조금은 더 안정적이었을까? 자기애적 성향에서의 열등감 문제를 살펴보고자 하는 필자의 질문은 여기서 시작된다.

취약한 자기를 어떻게든 포장해야 했던 나르시시스트의 경우라면, 즉 결정적인 시기에 거울처럼 자신을 비추어주는 양육자가 부재했다면, 혹은 양육자가 자기자신을 보느라 아이를 이용하거나 소홀했다면, 그는 상대적으로 더 많은 열등감을 느끼고, 그것을 보상하기 위해 상대를 비난하거나 분노하지 않을까? 나약한 자기를 보호하기 위해 더 단단한 벽을 쌓고 강박적으로 환경을 통제하려 하며 거만하고 이기적으로 세상을 공격하고 있는 것은 아닐까?

어쩌면 문제는 열등감을 인정하지 않는 것에서 시작되는지도 모른다. 누구나 어떤 면에서는 상대적으로 모자랄 수 있다. 그리고 때로 그것은 큰 좌절이 된다. 어린 시절 모자란 나로 인해 겪게 되는 좌절을 수용하고 그 안에서 마음을 다독이는 방법을 배울 수 있다면 열등감에서 좀더 자유로울 수 있을지도 모른다.

딸 넷 중 막내인 C는 어린 시절부터 외모에 대한 열등감이 매우 컸다. 그 배경에는 주변사람들의 비교가 있었다. 집에 오는 사람마다 자매들의 외모를 칭찬했으나 C에게는 '넌 좀 다르게 생겼구나!'란 말을 했다. 그녀는 그 말을 '넌 언니들과 다르게 못생겼구나'로 받아들였다. 공부도 잘하고 친구들과도 잘 어울렸던 언니들과 달리 수줍음 많고 공부도 보통이었던 그녀는 점점 더 위축되었다. 반면 늘 시끌벅적했던 집안에서는 아무도 그녀의 마음을 알 수 없었다.

자신의 고민이 드러나면 더 귀찮은 존재가 되어버릴까봐 두려웠던 C는, 더 마음을 닫고 더 괜찮은 척 애쓰며 자기를 포장해야 했다. 내면 깊이 열등감을 갖고 있는 채로 잘난 모습만 드러내려 하다 보니 인정도 받고 좋은 평가도 받았지만, 자존감과 주변의 평가 사이의 차이는 점점 더 커져갔다. 그럴수록 그녀는 더 괜찮은 사람이 되어야 했고, 연기하는 기분으로 못난 모습을 부인해야 했다.

매사에 긴장을 늦추지 못하며 살아가던 그녀는 조금만 뒤처지는 기분이 들어도 심한 우울감에 빠졌다. 자존감은 더 낮아지고 스스로를 보호하는 행동은 늘어나 누군가를 공감하고 깊은 관계를 맺는 것은 점점 더 힘들어졌다. 결국 그녀의 열등감이 자기애적 성향에 영향을 주게 되었다.

» 비교하지 말고 스스로의
  약점을 인정하라

비교를 통해 자기가치를 인정하게 되면 불안할 수밖에 없다. 언제든지 또 다른 비교로, 나보다 더 많은 성취를 하고 더 많은 돈과 권력을 가진 자를 바라보며 스스로의 가치를 떨어뜨릴 수 있기 때문이다.

우리 집이 좁다고 의기소침해진 아이에게 더 가난한 친구를 예로 들며 자신감을 가지라고 하는 말은 해가 될 뿐이다. 그 아이는 집의 크기로, 얼마나 부유하냐에 따라 인간의 가치를 평가하는 것이 옳다고 배우게 된다. 그리고 상대가 나보다 더 부유한지 아닌지에 따라 자신에 대한 평가가 흔들릴 것이다.

때로는 자존심을 세운다며 상대를 비난하고 불평등한 사회를 욕하며 분노할지도 모른다. 또한 나보다 더 잘 사는 상대를 만나면 위축되거나 혹은 피해의식을 갖게 되어 의심하고 거리를 두게 될지도 모른다. 결국 비교는 분노·수치심·질투심 등을 키워 서로 공감하고 사랑하며 살아가는 데에 장애물이 된다.

누구나 약점을 갖고 있고, 또 그와 반대되는 강점도 갖고 있다. 사실 비교를 통해 인간의 우열을 가리는 것도, 어떤 점을 어떻게 비교하느냐에 따라 달라지기도 한다. 그래서 신은 공평하다는 이야기도 있지 않은가. 결국 비교는 별 의미가 없다. 그저 순간적으로 내 자존심을 세우거나 정신을 바짝 차리게 하는 충격요법으로 쓰일 수 있다.

의미 없는 비교로 괜한 열등감 속에서 에너지를 소모하고 있다면 당장 멈추어라. 모두가 완벽할 수 없다면 나 역시 그렇다. 내 약점을 인정하고 기꺼이 받아들인다면 어쩌면 거기서부터 무언가 바뀔지도 모른다. 내 키가 작다고 인정하면 더이상 키가 큰 척 우기거나 커보이려고 애를 쓰지 않아도 된다. 사실 아무리 애를 써도 키가 작은 사람이 커보이는 데는 한계가 있다. 또 키가 갑자기 자랄 리도 없다.

그런 점에서 약점을 가리기 위한 행동은 비효율적으로 나의 자원을 낭비하는 셈이다. 내 키를 있는 그대로 인정한다면 이제 껏 키에 쏟아부었던 에너지를 다른 곳에 쓸 수 있다. 긍정심리학에서는 강점으로 타고나는 것들을 그대로 둔다면 그저 보통 수준에 머물 수밖에 없지만, 그것을 알고 잘 계발하면 그야말로 강점이 되고 더 행복할 수 있다고 말한다.

약점을 가리느라 소모했던 마음 대신 잠재력을 키우고 행복한 삶을 사는 데에 에너지를 쓴다고 생각해보자. 그리고 자기를 어떻게든 포장할 수 있는, 온라인상에 떠도는 허상들과 평가의 잣대들에 흔들리지 말자.

세상에 태어난 모든 생명체는 그 자체로 가치롭고 있는 그대로 아름답다. 딸 넷 가운데 다른 자매들과 다른 외모를 지녔다고 해서 못났다는 것은 아니다. 어쩌면 특별한 매력으로 그것을 잘 살릴 수 있었다면 스스로에 대해 더 만족할 수 있고, 주변의 비교와 평가에 흔들리지 않을 수 있었을 것이다.

미운오리새끼가 백조가 된다는 이야기처럼, 어떤 관점으로 바라보느냐에 따라 외모에 대한 평가는 변한다. 그러니 그 평가에 휘둘리는 것이 얼마나 허무한 일인가. 다른 것은 그냥 다른 것일 뿐이지 틀린 것이 아니다.

또한 뭐든 잘하는 것이 반드시 좋은 것도 아니다. 빈틈이 없는 사람에게 우리는 종종 인간미가 없다고 말한다. 어쩌면 인간의 진정한 매력은 빈틈, 약점에서 나오는지도 모르겠다. 그리고 그 약점을 인정할 수 있을 때, 열등감을 느끼는 스스로를 그대로 바라보고 내려놓을 수 있을 때 그 자체로 빛나는 사람이 될 수 있을 것이다.

어떤 엄마도 완벽할 필요는 없다:
충분히 좋은 어머니(good enough mother)

'충분히 좋은 엄마'는 아이에게 초점을 맞추어 아이를 사랑할 줄 안다. 외부의 가치에 휩쓸려 흔들리지 않고 자기 안의 취약점을 인정하며 겸손하게 아이를 대할 수 있다.

D는 최근 들어 아이에게 불 같이 화를 내는 일이 잦아졌고, 이러면 안 되겠다는 생각에 상담실을 찾았다. D는 아이에게 화를 폭발하는 것이 안 좋다는 건 알지만 통제할 수 없다며 이야기를 시작했다.

그러나 가만히 듣다보니 이야기의 초점이 아이에 대한 죄책감이 아니었다. 버럭 화내는 것을 감당해야 하는 가족들이 마음에 걸려 변화해보려는 것도 아닌 것 같았다. 물론 아이에게 미안한 마음이 전혀 없는 것은 아니었을 것이다. 또 힘든 시간을 함께 견디고 있을 남편에 대한 고마움도 있었다.

하지만 그녀의 주된 마음은 아이에 대한, 내 성에 차지 않는 아이의 존재와 가족에 대한 원망인 듯 보였다. 그녀에게는 '내 아이는 왜 이 정도밖에 안 되는 거지?'라는 생각이 기본적으로 깔려 있었다. 아이에 대한 평가는 주변의 다른 아이와의 비교에서 출발했다.

그녀가 이상적으로 바라는 딸의 모습을 내려놓지 못했다. 본인이 얼마나 애를 쓰고 있는지 한 시간 내내 설명하며, 그에 따라주지 않는 가족들에 대해 이해할 수 없다고 말했다. '나는 이렇게 완벽한 엄마인데 딸은 왜 저렇게 모자란 거지?'라고 말하는 것 같았다. "내 생각대로 잘만 따라주면 이렇게 화낼 일도 없을 텐데…"라며 안타까워하기도 했다.

그녀가 보기에 아이는 너무 소심했고, 똑똑하지도 못했으며, 관계도 잘 맺지 못하는 무능한 아이였다. 엄마 눈치를 살피며 쭈뼛거리는 아이에게 할 말도 제대로 못하는 답답한 아이라고 화를 내고, 밥 먹는 시간에 책 읽는 걸 멈추지 못할 때 제멋대로라며 또 화를 냈다. 밥을 먹을 때 더 예쁘게 앉아서 빨리 다 먹고 마음 편히 책을 읽으면 되는데, 그런 생각이 안 드냐며 한번 말을 해주면 고쳐야할 것 아니냐고 비난했다.

D의 어린 딸은 왜 그토록 눈치를 살피게 되었는지, 왜 자주 혼자만의 세계 안에 갇혀 있는지 궁금했다. D가 직장에 있는 동안

친정 엄마가 아이를 봐주고 있었다.

그렇다면 외할머니와의 관계가 아이의 행동에 끼치는 영향이 크지 않을까? 외할머니, 그녀의 친정 엄마는 어떤 분인지 묻자 그녀는 정색하며 대답했다. "우리 엄마는 너무 완벽해요!" 완벽한 외할머니를 대하는 어린 손녀의 마음은 어떨까? 정말 매사에 완벽한 분이건, 완벽한 엄마라고 딸이 생각하게 만든 어떤 계기가 있었건, 아니면 친정 엄마와 거리를 두고 싶은 D의 마음이 표현된 것이건 간에, 수상하게 들리는 말이었다. 아이는 외할머니와의 관계가 편치 않았다.

또한 D의 평가적인 태도와 비난의 말들은 긴장감을 높여 아이를 더 위축시켰다. 혹시 D의 비난은 내재된 분노의 표현이 아니었을까? 그 분노는 어린 시절 양육자로부터 비롯된 것은 아니었을까?

》 좋은 부모란
어떤 모습일까?

결혼을 하고 아이를 가진 모든 사람들은 좋은 부모가 되고 싶어 한다. 실제로 상담실을 찾는 대부분의 직장인들은 혼자 있을 때의 갈등은 그럭저럭 해결해 가다가도 아이 문제 앞에서는 무너져 전문가에게 도움을 요청한다. 자기애적인 부모도 예외는 없다. 물론 상담실에 오기까지의 과정이나 상담의 목적, 상담자를 대하는 태도 등이 다를지라도 말이다. 어쩌면 자녀에 대한 문제만큼은 조금 자존심이 상하더라도 용기를 내는 것인지도 모른다. 그리고 그것은 참 다행스러운 일이다.

자기애적인 부모에게서 태어난 아이들은 기본적으로 비슷한 성향으로 자랄 수밖에 없다. 부모가 자기자신에게 몰두하는 만큼 아이는 관심을 받을 수 없고, 부모가 세상에 대해 피해의식을 느끼는 만큼 아이는 세상을 경계하게 될 것이다. 부모가 공허감을 느끼고 우울해하는 모습을 보고 자란 아이들은 안정감을 느끼지 못하고 소외의 문제에 취약해져 세상에서 배제되고 혼자가 될까봐 불안해하거나 우울해할 수 있다.

따라서 정도의 차이는 있지만, 대부분의 심리학 이론에서는 자기의 발달에 있어 양육자와의 관계를 중요하게 다룬다. 어떤 부모를 만나느냐에 따라 아이의 초기 관계 경험은 달라질 수밖에 없다. 이 경험은 고스란히 성격 형성에 영향을 미친다. 그렇다면 어떤 양육자가, 어떤 어머니의 모습이 이상적일까?

'오이디푸스 콤플렉스'의 삼자관계의 갈등을 주로 언급했던 고전적인 정신분석 이론에서 벗어나 '나와 양육자'의 이자관계를 중점적으로 연구했던 대상관계 이론은 영국의 정신분석학자들을 중심으로 여러 갈래로 발전했다.

그 중에서도 소아과 의사였던 도널드 위니캇은 '무엇이 아동으로 하여금 자신이 타인으로부터 분리된 존재라는 사실을 자각하게 만드는 것인가?'에 대해 깊이 탐구했다. 즉 자기(self)라는 하나의 인격이 출현하는 과정에 대해 어머니와의 관계에서 벌어지는 의존과 독립의 과정을 설명하고자 했다. 갓 태어난 아기는 조각난 자기감각을 지닌 채 세상에 뛰어든다. 이때 어머니가 제공하는 환경, 다양한 경험들은 하나의 통합된 자기를 형성하는 데 절대적인 영향을 끼치게 된다.

위니캇은 유아의 건강한 발달을 위해서는 짧은 시기 동안이지만 완벽한 환경이 필요하다고 말했는데,[15] 여기서 완벽한 환경이란 어머니가 그 역할에 몰두하면서 유아의 욕구와 몸짓을 정확하게 이해하는 것을 말한다. 이 같은 어머니의 거울 기능은 형태 없는 유아의 몸짓 속에서 유아의 의도와 뜻을 정확하게 반영해주는 역할을 해 비로소 유아는 자기를 발달시키고 현실에 존재하게 되는 것이다.

위니캇은 이러한 안전한 환경을 '충분히 좋은 어머니(good enough mother)'라고 불렀다. 아이가 타고난 잠재력을 잘 발달시켜 건강한 성인으로 독립하는 과정에서 이처럼 좋은 환경을 제공하는 것은 매우 중요하다.

이때 주목할 것은 '충분히 좋은 어머니=완벽한 어머니'가 아니라는 것이다. 영어의 어감을 살리자면, '이 정도면 괜찮은 어머니' 정도가 될 것이다. 완벽한 엄마는 없으며 오히려 적당한 좌절을 함께 경험하는 것이 아이에게 최적의 환경이 된다. 누구도 완벽할 수는 없다. 오히려 너무 완벽하고자 애쓰는 엄마들은 정작 중요한 것을 놓치게 될 수 있다.

육아책을 읽느라 시간을 빼앗긴 탓에 아이와의 정서적인 교감의 기회를 미루게 될 수 있으며, 하루 24시간 아이를 끼고 사느라 지친 엄마는 아이와 함께 있어도 좋은 기운을 아이에게 줄 여력이 없다. 나아가 이상적인 부모의 역할에 매달리게 되면 그에 걸맞는 아이의 역할을 기대하게 되고, 그로 인한 좌절은 아이를 원망하게 되는 계기가 될 수 있다. 그래도 아이를 위하는 마음으로, 더 잘해보려고 노력하는 것이라면 괜찮다. 어느 순간 '내가 책에 매달려 아이를 방치하는구나!'라는 것을 알아차리면 초점을 언제든지 아이에게 맞출 수 있다. 문제는 아이를 부모의 소유물로 생각하는 것이다.

몇 년 전, 아이에게 『어머니 이야기』란 그림책을 사주었다. 동화작가 안데르센이 지은 글로, 누군가 감동을 받고 눈물이 났다는 말을 들어서였다. 책을 읽은 아이는 너무 끔찍하고 무섭다며 이건 아이들을 위한 책이 아니라고 말했다.

그후 가끔씩 그 책을 꺼내 읽어 보았다. 이야기는 죽어가는 아이 곁에 앉은 슬픔에 잠긴 어머니의 모습으로 시작된다. 잠시 한눈을 판 사이 죽음이 아이를 데려가고, 어머니는 그 아이를 되찾기 위해 험난한 여행길에 오른다. 그 과정에서 어머니는 '밤'에게 노래를 불러주며 눈물을 흘리고, '가시나무'의 몸을 따뜻하게 녹여주며 가슴에서 핏방울을 흘린다. 눈알을 빼주고, 검은 머리카락을 바쳐 아이가 있는 곳, 정확히는 '죽음'이 함께 있는 그곳에 다다른 어머니는 자신의 욕심을 깨닫고 아이를 놓아주기로 한다. 빼앗긴 눈알을 다시 껴보았을 때 더 깨끗해진 눈으로 아이의 미래가 얼마나 불행할지를 본 것이다. 그리고 운명을 거슬러 '내 아이'를 살리려던 노력을 멈춘다. 아이의 죽음 앞에서 느낄 어머니의 절망과 살릴 수만 있다면 어떤 희생도 감수하겠다는 모성애에 관한 것을 넘어, 어떤 다른 상징이 숨어 있진 않을까?

안데르센의 다른 유명한 동화에는 어머니가 없다. 『성냥팔이 소녀』『인어공주』『미운 오리 새끼』등 좌절을 겪는 아이들에게 어머니가 어떤 역할을 하는 경우는 없다. 아예 존재하지 않거나 있어도 존재감이 없다. 주인공들은 홀로 묵묵히 다른 사람의 도움을 받아 성장한다. 어쩌면 안데르센은 자신을 잘 보살피지 못했던 어머니에 대한 분노가 있지는 않았을까?

『어머니 이야기』에 등장하는 헌신적인 어머니는 그의 이상이었을 수도 있지만 눈을 씻고 나서야 아이를 제대로 볼 수 있었던 어머니의 자기애적 사랑을 경고하고 있는 것은 아니었을까? 어떤 헌신은 아이를 불행으로 몰아넣는다. 완벽한 어머니 역할에 동일시된 어머니는 주변의 평가에 자주 흔들리게 되며 아이를 더 통제하게 된다. 마치 아이의 운명을 내가 조종할 수 있다는 착각에 빠져 내 아이가 대단해지고, 그 아이를 소유한 내가 대단해지는 환상을 키우게 될지도 모른다.

이때 나의 이러한 헌신에 발맞추어 주지 못하는 아이가 얼마나 못마땅하겠는가? 결국 아이도 어머니도 행복할 수 없는 어둠의 길을 빠져나오는 방법은 어머니가 아이를 있는 그대로 잘 바라보고 행복을 빌어주는 것. 그게 유일한 것인지도 모른다.

» 맑은 눈, 건강한 마음으로
아이와 눈을 맞추어라

정신분석가 이승욱의 책『천 일의 눈맞춤』에서는 '따뜻한 응시, 안정적인 수유, 엄마의 품'이라는 3가지 육아원칙을 제시하며, 0~3세까지 아이와 엄마의 관계맺기가 얼마나 중요한지 설명하고 있다.[16] 결국 아이의 건강한 발달을 위해 가장 중요한 것은 엄마의 마음 상태다. 따뜻한 시선으로 아이를 바라볼 수 있고, 안정적으로 젖을 물릴 수 있으며, 엄마의 품에 안겨 있을 때 안정감을 느끼려면 엄마의 마음이 평온해야 하기 때문이다.

위에서 위니캇이 말한 '어머니의 거울 기능'도 마찬가지다. 아이의 욕구를 이해하고 잘 반응할 수 있으려면 어머니라는 거울이 맑아야 한다. 어느 정도 자신의 욕구를 적절히 채우거나 내려놓을 때 평온한 마음이 되어 깨끗한 거울로 아이의 마음을 비출 수 있게 된다. 마치 심리상담에서 상담자의 상태가 상담의 질을 좌우하는 것과 같다. 종일 연달아 상담을 하면서 시달리고 지친 상담자는 1시간을 온전히 내담자에게 집중하기 어렵다.

부모가 상담을 받고 조금씩 변화할 때, 아이들은 극적으로 변화한다. 더 이상 부모의 눈치를 살필 필요가 없는 아이들은 더 많은 이야기를 할 수 있고 쌓여 있던 부정적인 감정들이 해소된다. 불안반응이 잦아들고 더 창의적인 일에 몰두하게 되며 변화하는 아이들을 비추어주는 부모들 역시 좋은 에너지를 받고 성장하게 되는 것이다.

자기애적인 부모 밑에서 자라 결코 그런 부모가 되지 않겠다고 선언하는 사람들을 보게 된다. 부모에 대한 원망·분노는 어떤 에너지가 되어 지나치게 완벽한 부모가 되려고 애쓰는 데에 사용되는 것 같다. 일단 그 마음은 어떤 면에서 훌륭하다. 어린 시절 상처를 대물림하지 않기 위한 노력이기 때문이다.

그러나 이것이 '좋은 부모'라는 그럴 듯한 가면을 쓰고 싶어서, 또 다른 자기애적 도구로 사용된다면 아이에게는 더 큰 상처를 줄 수 있다. '너를 위한 거야'라고 하면서 내 마음을 무시하는 부모의 태도에 아이는 혼란스러워지고, 좋은 부모가 되고자 노력하는 모습을 부정할 수 없어 결국 스스로를 부정하고 비난하게 될 수 있다.

'충분히 좋은 엄마'는 내 아이를 위하는 마음이 자연스럽고 그 이전에 스스로를 공감할 수 있어 더 안정적이다. 외부의 가치에 휩쓸려 자존감이 흔들리지 않고 자기 안의 취약점을 인정하며 겸손하게 아이를 대할 수 있다. 그리고 좌절의 순간에, 아이에게 공감하지 못한 순간을 그 자체로 공감하며 함께 성장할 수 있을 것이다.

인간은 결국 혼자다:
소외(isolation)

자기애적인 사람들은 '공허감'을 자주 느끼고, 이는 '소외'의 문제와 닿아 있다.
삶의 고독을 인정해야만 진실하게 사랑할 수 있다. 이제 가면을 벗고 자기소외에서 벗어나자.

파트리크 쥐스킨트(Patrick Suskind)의 소설 『콘트라베이스』는
한 오케스트라의 구성원인 콘트라베이스 주자의 독백을 담고 있
다. 브람스의 교향곡 제2번이 흘러나오는 가운데 맥주를 컵에 따
르며 이어지는 그의 자화자찬의 메시지들은 조금 쓸쓸하게 들
린다.

"오케스트라에서 콘트라베이스가 빠졌다면 과연 어떻게 될
지 상상할 수 없습니다. 자고로 오케스트라라는 명칭을 얻으
려면 - 지금, 단어의 정의에 입각해서 말씀드리고 있는 겁니

다. – 베이스가 갖춰져 있어야만 가능하다고까지 말할 수 있습니다. 제1바이올린이 없거나, 관악기가 없거나, 북이 없거나, 트럼펫이 없거나, 그 밖에 다른 악기가 갖춰져 있지 않은 오케스트라는 있습니다. 하지만 베이스가 없는 경우는 절대로 없습니다."[17]

세상 사람들이 흔히들 중요하게 생각하는 역할, 지휘자나 제1바이올린 주자 등에 대한 평가절하의 말과 함께 베이스의 존재감을 과시하는 모양새가 낯설지 않다. 작가는 책에 대한 글에서 '한 소시민이 그의 작은 활동공간 내에서의 존재를 위한 투쟁을 다루었다'라고 표현한다. 존재를 위한 투쟁!

자기애적인 사람들은 주변사람들의 반응 없이는 존재할 수 없다는 점에서 매순간 투쟁적으로 살아가는지도 모른다. 나를 인정해달라고! 나를 사랑해달라고! 하소연하는 것이다.

그러나 그렇게 자기중심적인 세상에서의 투쟁은 결국 그를 더 외롭게 만든다. 때론 혼자일 수도 있고 주목받지 못할 수도 있다는 것을 받아들일 수 없는 이들은 소외감을 더 자주 느끼고, 그래서 '실존적 소외'는 더 피하고 싶은 주제가 되기도 한다.

》 실존주의 심리치료에서 말하는
인간 보편의 문제, 그리고 '소외'

실존주의 철학에 기반한 '실존주의 심리치료'에서는 인간 실존의 주요한 4가지 주제, 즉 죽음(death), 자유(freedom), 소외(isolation), 무의미(meaninglessness)를 바탕으로 인간의 갈등을 설명하고 있다. 상담에서 다루는 문제들에 대해 정신분석학자 프로이트는 '본능의 억압'을 기본으로 설명한다면, 실존주의 치료에서는 '인간에게 주어진 보편적인 실존의 문제와 개인이 현재 직면하는 것 사이에서 흐르는 갈등'으로 본 것이다.

나르시시즘으로 인한 개인 내적 혹은 사회적 문제는 실존주의 치료의 입장에서 변화의 실마리를 찾아볼 수도 있다. '소외'의 주제는 지나친 자기사랑, 자기몰두에 빠진 이들에게 어김없이 찾아오는 주된 갈등이 된다.

게슈탈트 이론의 대가인 게리 욘테프(Gary Yontef)는 그의 책 『알아차림, 대화 그리고 과정』에서 '자기애적 환자는 이중으로 소외되어 있다'고 말한다. 그들은 자기중심적이기 때문에 다른 사람들로부터 소외되어 있다. 또 그들은 자신이 누구인지, 실제로 무엇을 경험하는지보다는 '자기 이미지'에 초점을 맞추기 때문에 진짜 자기로부터도 소외되어 있다는 것이다.[18]

순서를 바꾸어도 마찬가지다. 거짓된 자기로 가면을 쓴 채 살아가는 이들은 진실한 인간관계를 맺기 힘들게 되고 자연스럽게 대인관계에서의 소외, 그로 인한 불안은 커질 수밖에 없다. 부정적인 감정이 커질수록 감당하기 힘들어지고, 이는 여러 가지 자기애적 병리로 이어질 수 있다.

> **≫ 개인 내적 소외,**
>
>   **대인관계적 소외**

실존주의 심리치료 이론에서는 소외를 크게 3가지로 구분하고 있다. 첫 번째, 개인 내적(Intrapersonal) 소외는 인간을 부분들로 분리하는 과정이다. 즉 내 안의 여러 가지 경험과 감정·생각 등을 통합하지 못하고, 때론 기억에서 지워버리는 것이다. 프로이트는 '방어기제'라는 용어로 소외를 설명했는데, 이는 고통에서 벗어나기 위해 스스로를 보호하는 방식이 되기도 한다.

이처럼 개인 내적 소외는 자연스러운 느낌이나 욕구를 억압한 채 '의무'에 초점을 맞출 때 생긴다. 지금 이 순간의 감정을 표현하지 못하고 '느껴야 하는 것'을 느끼는 것이다. 내가 지금 원하는 것을 솔직히 말하지 못해 억누르는 가운데 '내가 원해야만

하는 것'을 사고의 언어로 설명한다. 나는 엄마니까 당연히 자식을 사랑한다고 하지만, 엄마들도 때로는 자식이 밉기도 하다. 나는 자식이기 때문에 부모님을 부양하고 싶다고 말하지만, 팍팍한 현실 속에서 부모 부양의 의무를 벗어나 자유롭고 싶은 마음이 드는 것은 어쩌면 당연하다.

여기서 중요한 것은 느낌과 욕구는 그저 자연스럽게 자각되는 것이지, 옳고 그름의 문제가 아니라는 것이다. 내가 자유를 갈망한다고 해서 당장 집을 뛰쳐나가는 행동으로 옮겨야 한다는 것도 아니다. 그저 느껴지는 대로, 원하는 대로 인식할 수 있을 때 내가 모르는 내 안의 무수한 잠재력들이 살아날 수 있다.

그 과정에서 우리는 나란 존재를 더 잘 알게 된다. 알고 난 후에 한 선택에는 그만큼 더 의미와 무게가 실리게 된다. 책임감을 갖고 행동하게 되는 것이다. 그 행동은 새로운 도전일 수도 있고, 때로는 그저 버티며 인내심을 키우는 과정일 수도 있다. 그리고 그것이 바로 내 잠재력을 계발하고 성장하는 과정이다.

개인 내적 소외의 증거들은 상담장면에서도 자주 발견된다. 예를 들면, 일에서 자주 실수를 하고 집중을 할 수 없어 고군분투하던 한 남자가 상담실에 왔다고 하자. 아무래도 적성이 맞는 것 같지 않다며 직장을 그만두고 다른 진로를 찾기로 했다며 진로상담을 원한다.

그러나 아무리 생각해도 10년 이상 즐겁게 잘해내던 직무가 갑자기 적성에 안 맞는다는 것은 이해가 되지 않는다. 최근 한 달 사이 회사에서 어떤 변화가 있었는지 묻자 얼굴은 웃고 있는데 눈물이 흐른다. 분명 그는 무언가 버겁고 화가 나 있으며, 그것을 표현하지 못해 우울하고 무기력한 상태이다.

하지만 그는 자신의 감정을 수용할 수 없었다. '우울하면 안 되고 불만을 표현하는 건 징징거리는 것이며, 징징거리는 건 안 된다'는 생각이 너무 깊이 뿌리박혀 있어서 그 비슷한 감정이 올라오면 내 것이 아닌 것으로 차단해버렸던 것이다. 이처럼 분노·우울·무력감 등의 감정들을 나에게서 분리시키고 내가 옳다고 믿는 것, 이상적인 자기 등 나의 일부분만을 인정하는 것이 바로 '개인 내적 소외'다.

나르시시즘의 문제가 있는 사람이라면 어떨까? 자신의 못난 부분, 약한 감정을 부인한 채 이상적인 자기상에 매달려 있는 것이 바로 자기소외로 설명할 수 있을 것이다. 지속적인 자기 소외로 인해 나의 전체를 바라볼 수 없어 자신을 이해할 수 없게 되며, 스스로에게도 타인에게도 솔직할 수 없다. 따라서 개인 내적 소외는 대인관계적 소외에 영향을 끼치게 된다.

두 번째, '대인관계적(Interpersonal) 소외'란 자신과 교류하는 타인으로부터 느끼는 소외로 일반적으로 '외로움'이라고 할 수 있다.[19] 산업화가 진행되고 가족들이 뿔뿔이 흩어져 살게 되면서 가족 안에서 유대감을 찾기가 점점 더 어려워지고 있다. 혼밥·혼술 등 이제 혼자인 삶을 어떻게 즐길 것인가를 고민하는 것이 당연한 세상이 된 것이다. 그러나 인간은 사회적 동물이다. 사람들은 혼자가 편하다고 말하지만 관계가 그리워 스마트폰을 놓지 못하고, 온라인을 통한 소통에 목을 맨다.

소외를 조장하는 사회가 될수록 사람들은 관계를 더 애타게 찾게 되고, 바쁜 생활 속에서도 어떻게든 외로움을 떨쳐내기 위해 애를 쓴다. 이 과정에서 개인 내적 소외가 일상화된 사람들은 대인관계에서도 어려움을 겪는다.

관계불안이 높아 수줍은 나르시시스트의 경우, 친밀해질수록 초라한 자기를 드러내야 하는 것을 견딜 수 없다. 또 이기적이고 거만한 나르시시스트라면 매사에 자기중심적으로 관계를 맺기 때문에 주변사람들은 지쳐 도망가고 만다. 그리고 이들은 감히 나를 소외시킨 사람들에게 화를 낸다. 분노 이면에 가려진 외로움을 느끼지 않기 위해 더 철저히 스스로를 소외시키며 결국 공허한 관계를 맺고, 좋은 관계 속에서 경험할 수 있는 성장의 기회들을 놓치게 될 수도 있다.

따라서 우선 나를 알고 내 안의 것들을 소외시키지 않고 그대로 바라볼 수 있어야 하며, 나아가 타인과의 관계에서 잘 소통할 수 있도록 나와 타인에 대한 공감능력을 키우는 것이 중요하다.

앞서 잠시 언급한 것처럼 자기애적인 사람들은 '외로움'을 약한 감정으로 생각하기 때문에 그것을 부인하려 한다. 외로워하는 대신 분노하고 고독을 즐긴다고 말하며, 나는 원래 사람들을 안 좋아한다고 말한다. 나는 눈치가 빠르지만 그것에 따라 상대방을 맞추어주거나 배려하지는 않는, 당당하고 멋진 사람이라고 말한다. 평가에 휘둘리지 않으며 감히 나를 평가하는 사람들을 욕한다. 그러나 관계에 대해 말하는 일련의 생각들을 듣다 보면, 그 와중에 발끈하고 당황하는 표정을 마주하고 있으면 그들이 얼마나 관계에 매여 있는지 알 수 있다.

'남이 나를 대단하게 봐주어야' 하기 때문에 늘 나를 봐주는 누군가가 필요하다. 겉으로는 화를 내지만 실상은 외롭고 슬프다. 어떻게 해서든지 관계의 끈을 놓지 않기 위해 거짓으로 애쓰지만 그만큼 관계에 대한 신뢰는 낮아진다. 그걸 이유로 또다시 사람들에게 거리를 두며 그들의 친절을 폄하하며 멀어진다. 필요에 의해 가까워졌다가 불신하며 돌아서는 이들의 모습은 '대인관계에서의 소외'를 느끼지 않기 위해 부단히 애를 쓰는 과정 같아 보인다.

소설『콘트라베이스』의 주인공처럼, 베이스의 존재감을 모르는 사람들을 무시하며 목에 핏대를 세우다가도 맥주(위스키도와인도 아닌)를 한 잔 따라 목을 축이며 사람들 안에 있음을 확인한다. 어쩌면 그 쓸쓸한 모습에 누군가는 동일시하며 사랑에 빠지는지도 모르겠다. 자기애적인 사람과의 불행한 만남은 그가 애써 감추려던, 그러나 너무 확연히 보이는 그의 외로움에 공감하는 것에서부터 시작되는 것 같다.

» 실존적 소외,

    공허감에 직면하기

마지막으로 '실존적 소외'란, 나와 타인과의 연결될 수 없는 큰 간격 혹은 인간과 세상 사이의 분리(seperation)라는 근원적인 소외를 말한다.[20]

중학생 때였던가? 좋아하는 가수의 새 음반이 나와서 신나게 듣는데, 어느 한 곡의 노랫말이 가슴을 쳤던 기억이 난다. '… 혼자라는 느낌만은 어쩔 수가 없어 외로워…'란 가사다. 여전히 그때 그 감각을 쉽게 떠올리는 걸 보니 적잖이 충격을 받았었나 보다. 지금 보면 너무 뻔해서 특별할 것 없는 가사인데 아마도 그 느낌, 함께여도 '혼자라는 느낌'이 낯설고 힘들었던 시기였나 싶다. 수많은 노랫말에서 '혼자'일 때의 감정을 절절하게 잘 묘사하는 걸 보면 누구나 살아가면서 특별한, 어쩌면 좀 공포스럽기도 한 커다란 소외감을 느끼는지도 모르겠다.

세상에 나 혼자인 것 같은 그 느낌은 외롭다고 표현하기엔 좀 모자라다. 무섭고 불안한 감정이 뒤죽박죽된 고독이라면 어떨까? 이런 감정을 바로 '실존적 소외'라고 할 수 있을 것이다. 그 무섭고 불안하며 두려운 감정을 몸과 마음으로 체험하는 일은 어쩌면 매우 불쾌하다. 때로는 이러한 공포에서 벗어나기 위해 우리는 끊임없이 누군가를 만나고 무언가를 하는지도 모르겠다. 불안 때문에 하는 모든 일들은 인간 성장의 계기가 되어 준다.

그러나 문제는 불안에 휩싸여 불행한 생활을 의미 없이 반복하거나 그 불안이 너무 강력해 멀리 회피해버렸을 때 발생한다. 우리는 이 보편적인 소외의 상태를 그저 수용하고 더불어 살아가야만 한다.

어머니의 자궁 안에서, 안전하게 보호받던 아기는 발가벗겨진 채 세상에 내던져진다. 어쩌면 우리는 태어남과 동시에 고통 속에서 살아남아야 하는 삶의 과제를 안게 되는지도 모르겠다. 그리고 우리는 세상에 태어난 이상, 그 무시무시한 과제를 어떻게 풀어가야 할지 끊임없이 고민해야 한다.

자기애적인 사람들에게 고통 속에서 더불어 살아가는 것, 인간이라면 누구나 혼자라는 '실존적 소외'의 문제를 안고도 사랑하게 되는 일은 어쩌면 더 고통스럽고 또 그만큼 중요하다. 그들은 초라한 자기를 수용할 수 없기 때문에 수치심을 느끼며 더욱더 자기만의 세계 속으로 회피하려 든다. 언제, 어디서나 그럴듯한 존재로 인정받아야 하기에 열심히 포장하고 과시하며 순간의 즐거움을 탐닉한다.

그러나 그럴수록 진짜의 나와, 보이는 나 사이의 간극은 커질 것이다. 그만큼 소외된 나는, 나의 삶은 공허해진다. 자기애적인 사람들이 '공허감'을 자주 느끼는 것은 '소외'의 문제와 관련이 있어 보인다.

우리는 삶의 고독을 인정해야만 진실하게 사랑할 수 있다. 이를 위해 먼저 가면을 벗고 자기소외에서 벗어나야 한다. 타인에게 내가 어떻게 보일지, 자기이미지를 가꾸는 것에 신경 쓰기보다 현재 내가 느끼는 감정을 접촉하고 표현할 수 있어야 한다. 괜찮은 척 포장하지 말고, 자기과시를 위해 욕심부리지 말고 그저 부족한 나로 정직하게 타인을 만나는 것이 자기소외에서 벗어나는 첫걸음이 될 것이다. 우리는 모두 좀더 겸손하게 세상과 만날 필요가 있다.

슬퍼야 할 때 우울해지는 사람들: 자기애적 우울

왜 많은 사람이 이전보다 우울해지는 것일까? '하면 된다'며 개인의 성취를 강조하고 경쟁을 부추기는 사회는 나약한 인간을 과대평가한다는 점에서 나르시시즘과 연관이 있어 보인다.

E는 한 달 전부터 일주일에 3번은 퇴근길에 눈물이 났다. 업무를 시작하려고 자리에 앉으면 뭘 어떻게 해야 할지 몰라 멍하니 시간을 보내는 일도 많아졌다. 주말마다 친구들을 만나고 운동도 좋아하는 외향적인 그였지만, 이제 그럴만한 에너지도 없었다. 동료들이 가볍게 건네는 농담에도 발끈하는 일이 많아졌고, 이래저래 갈등이 생기기 때문에 누군가를 만나는 일 자체를 피하게 되었다.

우연한 기회에 상담실을 찾은 그는 진단검사 결과에서도 우울과 불안점수가 매우 높았다. 그는 울면서 빨리 이 우울감에서 벗어나고 싶다고 말했다. 우울한 상태 자체를 인정하기 어려웠고 이런 나약한 모습이 나의 모습과 다르다며 그를 이렇게 만든 주변환경을 탓했다. 환경을 어찌할 순 없으니 결국 스스로의 무능력을 탓하며 방법이 없다고 말했다.

자신은 회사에서 계속 잘나가야 하고, 연애도 잘해야 하며, 성격도 좋은 완벽한 사람이어야 하는데, 애인이 떠나가고 원치 않는 부서에 발령이 나는 등 악재가 겹치자 이 상황을 감당하기 힘들어 하는 것 같았다. 당연히 슬프고 안타까운 일이었다. 그러나 '열심히 산 나에게 왜 이런 일이 벌어지는 거지?'라며 현실을 부인하거나 '내가 그동안 살아온 방식이 잘못된 것인가?' '쓸모없는 인간이야!'라고 지나치게 스스로를 비하하는 말들 앞에서 상담자 역시 무력감에 빠지고 말았다.

우리는 때로 불운이 겹쳐 삶을 포기하고 싶을 정도로 힘들어지기도 한다. 그 안에는 나의 실수로 인해 후회되는 것도 있지만, 내가 통제할 수 없는 것들도 분명히 있다. 관계도 그렇고 회사에서의 승진이나 발령도 마찬가지다. 나는 사랑하는데 상대방은 마음이 떠났을 수도 있고, 나는 열심히 했는데 회사에선 몰라주고, 정말 운이 없어 기회를 잃기도 한다. 어쩌면 그런 상실의 순간들을 애도하는 과정이 바로 상담이다. 그리고 그 시작은 상실을 인정하는 것, 슬퍼하고 의지하는 것에서부터 시작된다.

정신장애에 대해 여전히 많은 사회적 편견이 있다 하더라도 '우울증은 감기와도 같다'라는 인식은 일반화된 편이다. 이처럼 많은 현대인들이 경미하게, 때론 심각하게 우울한 상태를 주기적으로 경험하고 그로 인해 일상이 무너진다. 동시에 우울한 많은 이들이 상담실을 쉽게 찾는다.

그럼에도 불구하고 우울해서 상담실을 찾아왔지만 애도의 과정을 밟기가 어려운 경우가 많다. 슬픔을 인정하지 않고 그저 우울한 상태를 그대로 공감하다 보면 현대인의 병에 대해 생각하게 된다.

왜 더 많은 사람들이 이전보다 우울해지는 것일까? '하면 된다'며 개인의 성실성과 성취를 강조하고, 경쟁을 부추기는 산업화시대에서 우울한 사람들이 많아지는 건 어쩌면 당연한 논리일지도 모른다. 하면 된다는데, 주변에 정말 승승장구 잘나가는 사람도 많다는 것을 확인할 때 많은 실패들은 온전히 내 탓이 된다.

그러나 살다 보면 어처구니없이 불운이 반복되기도 하고, 믿었던 사람에게 배신을 당하기도 하며 능력 밖의 일에 부딪쳐 좌절하기도 한다. 그게 바로 인간이며 인간의 삶이다. '하면 된다'는 말은 그저 나약한 인간을 너무 과대평가한 구호인지도 모르겠다. 그런 면에서 개인의 능력을 맹신하는 성취사회의 구호들은 나르시시즘과 연관이 있어 보인다.

정신분석학자 지그문트 프로이트(Sigmund Freud)는 '슬픔과 우울증'이라는 논문을 통해 슬픔이라는 정상적인 감정과 대비되는 우울증의 본질을 밝혀보고자 했다.[21] 그는 고통스러운 낙심, 외부 세계에 대한 관심의 중단, 사랑할 수 있는 능력의 상실, 행동의 억제 등은 슬픔과 비슷하다고 말한다. 한 가지 다른 점이 있다면 우울한 사람들은 슬픔을 느낄 때 나타나지 않는 '자애심(自愛心: 자기를 사랑하는 마음)의 추락'이 나타난다는 것이다.

누구나 인정받고 싶고 모든 일을 잘해내고 싶은 마음은 같다. 따라서 생각만큼 일에서 성과를 내지 못하고 관계에서도 이별하게 될 때, 낙심하고 한동안은 자신감이 떨어져 위축되거나 무기력해질 수 있다는 것은 충분히 이해할 만하다.

그러나 '우울증'으로까지 발전하는 심리를 관찰해보면 슬픔과 실망을 넘어선 심한 자기비난이 숨어있다는 것을 알 수 있다. 스스로에게 실망할 수 있지만 처벌할 일은 아니다. 난 이미 잘한 것이 있고, 그래서 인정을 받았으며, 어떤 분야에서는 능력이 부족할 뿐이다. 내가 원하는 모든 것을 가질 수 없고, 인간관계에서 때로 이별을 피할 수 없는 것처럼 나는 모든 일을 완벽하게 해낼 수 없다. 이에 대해 프로이트는 '슬픔의 경우는 빈곤해지고 공허해지는 것이 세상이지만, 우울증의 경우는 바로 자아가 빈곤해지는 것이다'라고 말한다.[22]

그가 떠났는데 나의 일부가 떠난 것처럼 허망한 것, 하나의 일에서 실패했는데 모든 능력을 잃은 것처럼 자기 가치가 떨어지는 것. 외부현실을 객관적으로 바라볼 새 없이 스스로를 비난하고 처벌하려 하는 것 등, 우울한 사람들이 고통을 처리하는 방식은 매우 자기중심적이다.

물론 성격적으로 우울한 사람들과 자기애적으로 우울한 사람들은 본질적으로 차이가 있다. 둘 다 우울을 호소하지만 자기애적인 사람들은 주관적으로 비어 있어 자기의 실체가 없다고 느낀다. 완벽할 수 없다면 아무것도 아닌, 자존감이 극과 극을 달리는 나르시시스트들은 초라한 자기를 대면하게 되는 순간, 극단적인 우울로 치닫게 된다. 반면 우울이 기본성향인 사람들은 죄책감으로 괴로워한다.

자기애적 성향의 사람들에게 텅 빈 자기가 있다면, 우울성 성격의 사람들에게는 자기혐오로 가득찬 자기가 있는 것이다. 어쩌면 자기애적인 성격이나 우울성 성격 모두 각기 다른 애도과정이 필요한지도 모른다. 전자는 슬픔을 인정하고 슬퍼하는 작은 나를 인정하며 거짓된 나를 떠나보내는 애도가 될 것이고, 후자는 충분한 애도가 필요했다는 것을 알게 하고, 모질게 나를 비난했던 내 안의 심판관을 떠나보내는 애도가 필요하지 않을까? 결국 지나치게 사랑하는 것(자기애)은 지나치게 싫어하는 것(우울)과 닮은꼴인지도 모르겠다.

습관처럼 우울하다고 이야기할 때, 스스로 어떤 감정이 지배적인지 살펴보는 것은 자기개념을 이해하는 데에 도움이 된다. 무언가 공허한 감정이 앞선다면 스스로에 대해 이상화와 평가절하를 넘나드는 자기애적 우울일 수 있다. 따라서 자기애적 우울은 또 다른 이상화의 기회를 통해 금세 회복되기도 하는 것 같다.

　늘 공허하고 또 쉽게 우울감에 빠지지만 그만큼 쉽게 기분이 괜찮아진다. 어느 날 부장님의 칭찬 한마디에 모든 게 괜찮아져 기분이 좋아지기도 하고, 그 다음날에는 옆에 앉은 동료가 오해하고 불만을 이야기하는 것만으로도 회사를 그만두고 싶은 충동에 휩싸인다. 겉으로 보기에 감정기복이 심한 사람일 수 있고 왜 저렇게 우울한지 이해할 수 없는 경우도 있다.

그렇다면 그들의 마음속에 평가에 휘둘리는 취약한 자기가 있다고 한다면 어떨까? 우울을 '스스로를 향한 분노'로 정의한 프로이트의 말을 떠올린다면 혹독하게 아이를 훈육하려는 부모의 이미지가 연상된다. 완벽한 아이를 키워내겠다는 욕심에 시험에서 높은 점수를 받지 못한 아이를 혼내는 것처럼, 자기애적인 사람들은 회초리를 들고 자기를 바라보고 있는지도 모르겠다. 긍정적인 평가에 칭찬을 아낌없이 해주는 대신, 부정적 평가엔 거침없이 회초리를 휘두른다. 작은 실수에도 살아갈 가치가 없다며 혼을 낸다.

외현적으로 자기애적인 사람들이 외부의 부정적인 평가에 부르르 떨며 수용하지 못하는 것처럼, 내현적으로 자기애적인 이들은 스스로에게 부르르 떨며 우울해지는 것이다.

소설가 은희경씨가 2014년에 발간한 단편집의 제목이 생각난다. 『다른 모든 눈송이와 아주 비슷하게 생긴 단 하나의 눈송이』. 개성을 존중한다고, 자신감을 살려준다고 개인의 특별함만을 강조할 때 우리는 지나친 자기몰두, 왜곡된 자기사랑에 빠져 자기애적인 성향이 자라게 된다. 즉 '단 하나의 눈송이' 앞에 붙은 수식어를 잊지 않는 것이 중요하다. '다른 모든 눈송이와 아주 비슷하게 생긴', 우리는 모두 인간의 보편적인 모습을 기본모드로 갖고 살아간다.

내게 중요한 것은 네게도 중요할 수 있다. 욕구의 우선순위가 다를 뿐이지 내가 자유롭고 싶다면 그에게도 자유가 필요한 것이다. 내가 인정받고 싶은 만큼 그도 인정받고 싶고, 그가 좌절한 시간만큼 나에게도 좌절의 시간을 피해갈 수 없는 시기가 있다. 내가 나를 보호하고 싶은 것처럼 그도 보호받아 마땅한, 한 인간인 것이다.

개성과 더불어 보편성을 인정할 수 있을 때 우리는 더 잘 공감할 수 있다. 남에게뿐만 아니라 실패한 자신에게도 말이다. 평범함과 인간다움을 수용한다는 것은 완벽하고자 하고 특별하고자 하는 자기애적인 사람들에게 더 어려운 과제가 될 것이고, 그로 인해 쉽게 우울감에 빠질 수 있다.

어느 날 문득 익숙한 우울에 빠진다면, 잠시 멈추어 내 마음에 거리를 두고 관찰해보자. 지금 이 상황이 슬퍼할 일인가, 우울할 일인가?

가면이 아닌 진정한 자기사랑:
자존감

자존감이 낮을 때, 스스로에 대해 자신이 없어지기 때문에 자존심을 세우려 애를 쓰게 된다.
즉 자기를 내세우는 나르시시스트들의 핵심문제는 바로 '낮은 자존감'이다.

자존감이란 '스스로에 대한 평가(self-esteem)' 혹은 '나를 있는
그대로 존중하는 마음'을 뜻한다. 자존감이 높은 사람들은 실패
하면 한동안 실망하고, 성공하면 뿌듯해 하지만 그로 인해 자기
존재감이 사라지거나 지나치게 자기가치가 높아져 흥분하지는
않는다. 즉 외부의 평가나 경험에 쉽게 흔들리지 않는다.

반면 자기애적 성향의 사람들은 때로 자존감을 유지하기 위
해 누군가가 필요하다. 그럴듯한 사람을 만나 내 가치를 높이거
나 나를 끊임없이 칭찬해주는 사람과 관계를 맺으며 불안정한
마음을 다독인다.

그런데 문제는 지나치게 의존하고 있다는 것이다. 자기애적이라고 하면 의존적인 것과는 정반대되는 성향일 것 같지만 자존감의 측면에서는 그렇지 않다. 이처럼 누군가의 평가로 인해 자기에 대한 평가가 흔들리고 있음에도 스스로는 잘 알아차리지 못한다. 이들은 그저 나를 알아주지 않는 사람을 비난하고 무시할 뿐이다. 또는 수치심에 위축되지만 아무렇지도 않은 척 대범한 행동을 한다. 상대방을 추켜세우거나 과한 제스처로 평가를 수용하는 등 솔직한 감정을 감추느라 어색한 행동을 하는 것이다.

이처럼 진정한 자기를 드러내지 못하고 가면을 쓴 채 살아가는 나르시시스트들은 '아닌 척' '괜찮은 척' 등 '척'하는 태도 이면에 낮은 자존감을 숨긴다. 그리고는 '자존감이 높은 내가 왜 그의 비난을 견딜 수가 없는가?'라고 말한다.

상대의 반응에 상처를 받은 나르시시스트는 상처란 약한 단어를 부인한 채 자신을 나쁘게 평가한 타인을 비난하며 분노한다. 때로 이들은 약한 감정을 부인하느라 신체적인 질병으로 고생하기도 한다. 분노 이면의 감정, 즉 아픔·슬픔 등을 표현하는 대신 신체증상이 나타나는 것이다. 머리가 아프거나 멍해지며 시력이 흐릿해지거나 배탈이 나는 식이다.

분명 이들은 스스로에 대해 자신감에 차 있다. 때론 외길을 가며 현실적인 부당함도 이겨내고 누가 뭐라 해도 소신 있게 행동하는 사람들이다. "난 자존감이 높아!"라고 외칠 만한 배경을 갖고 있는 셈이다. 그러나 이들이 자존감이 높다고 말하는 순간, 우리는 낮은 자존감을 확인하게 된다.

» 내일이면 날 다시 얼간이 취급하겠죠,

　　괜찮아요, 얼간이 맞으니까. 〈사랑의 블랙홀〉

〈사랑의 블랙홀〉 주연: 빌 머레이, 앤디 맥도웰　감독: 해롤드 래미스

같은 하루가 매일 같이 반복된다면 어떨까? 철학자 프리드리히 니체(Friedrich Nietzsche)는 '네 운명을 사랑하라!'란 말을 남겼다. 이는 운명을 그저 받아들이라는 것이 아니라 '네가 사랑할 수 있는 운명을 만들어라'란 뜻이다. 이러한 경구를 그대로 옮긴 영화가 바로 1993년 개봉작 〈사랑의 블랙홀〉이다. 냉소적이고 자기중심적인 필이 하루 만에, 정확히는 수많은 하루 만에 변화되는 과정을 보여주는 이 영화

는 불행한 나르시시스트가 어떻게 행복을 찾았는지 보여준다.

필은 작은 방송국의 기상캐스터다. 똑똑하고 유머러스하지만 그의 모든 말과 행동에는 감정이 빠져 있다. 하루하루 해야 할 일을 무심하게 무시하는 태도로 해치운다. 그리던 어느 날, 필은 봄을 알리는 행사를 취재하기 위해 펑추니아란 작은 마을에 도착한다. 필은 행사도, 마을도 비하하며 취재를 대충 끝내고 빨리 떠나고만 싶어한다. 깨끗하지 못한 환경, 정감어린 사람들의 관심마저 대놓고 무시한다.

그러나 아무리 싫어도 모든 것이 마음처럼 되는 것은 아니다. 필은 폭설로 도시와의 연락조차 두절된 채 펑추니아에서 하룻밤을 더 묵게 된다. 그리고 저주받은 것처럼 똑같은 하루를 또다시 반복한다. 내일도 또 내일도, 수많은 하루를 반복하는 과정에서 필은 많은 것이 바뀐다.

처음엔 그저 하루밖에 없는 인생, 즐기자는 태도로 산다. 건강 따위는 걱정하지 않고 해로운 음식을 먹어치우며 하룻밤을 여자와 즐기기 위해 그녀의 정보를 캐고 유혹한다. 도둑질도 하고 과속운전의 스릴을 느낄 수 있다면 감옥에 가는 것은 문제가 되지 않는다. 내일을 걱정하지 않고 하고 싶은 것을 마음껏 할 수 있는 오늘이라면 행복할까? 영화는 아니라고 말한다. 그는 결국 자살을 택한다. 무의미한 시간을 반복하는 것이 괴롭기만 했던 것이다. 그러나 불행히도 죽을 수조차 없다. 자동차에 치어도, 벼랑 끝에서 떨어져도 똑같은 오늘이 시작되어 새벽 6시면 침대에서 눈을 뜨기 때문이다.

여기까지 보면 그는 많은 시도를 하며 제법 대범해지긴 했지만, 여전히 냉소적이고 자기중심적이며 더 극단적으로 자신을 위해 남을 이용하는 고약한 나르시시스트다.

그렇다면 무엇이 결정적으로 그의 삶을 바꾸어놓았을까? 리타는 함께 취재를 나온 방송국 PD다. 매사에 긍정적이며 친절하고 따뜻한 그녀는 누구에게나 사랑스럽다. 필은 수많은 하루의 반복 속에서 리타에 대한 자신의 마음을 깨닫게 된다. 그리고 죽고 싶어도 죽을 수 없어 완전히 지쳐버린 그는 리타에게 모든 것을 털어놓는다. 같은 하루가 반복되는 것이 얼마나 끔찍한 일인지. 처음으로 진심을 담아 자신을 말하는 그에게 리타는 친구가되어 준다.

아무리 좋은 날이어도 그대로 이어질 수 없는 운명, 또다시 상대방은 모든 것을 잊고 나를 이전처럼 대할 거라는 필의 말에 리타는 웃으며 말한다.

뭐든 생각하기 나름이라고. 잠든 그녀 곁에서 필은 사랑을 고백한다. "난 당신에게 어울리지 않지만 기회가 주어진다면, 평생 동안 당신만을 사랑하겠다고 맹세하겠어요." 그리고 그는 똑같이 반복되는 다음날, 그 후로도 수많은 하루 동안 완전히 다른 삶을 살게 된다. 마치 리타의 말이 맞아떨어지는 것처럼 같은 날이지만 그가 어떻게 생각하느냐에 따라 다른 운명이 되는 것이다.

정확히 말하면 같은 날의 반복이 아닌 셈이다. 주어진 시간을 조금씩 다르게 경험한다면 그 자체로 다른 날이 될 테니 말이다. 이제 필은 소소한 일상을 즐기게 되고, 그 안에서 새로운 욕구들을 발견한다. 피아노를 배우고, 죽어가는 노인을 살리며, 오랜만에 만난 친구와 반갑게 인사하며 관계를 이어간다.

여기서 필이 리타에게 솔직한 자신을 내보일 때 했던 말을 생각해보자. "내일이면 사람들은 다시 날 얼간이 취급하겠죠." 그 누구보다 자신만만해보이고 남을 무시하는 것처럼 보였지만 실상 필은 스스로를 바보 취급하고, 다른 사람들도 그렇게 볼 거라고 생각했다. 그래서 더 사람들을 경계하고 더 못되게 굴었는지도 모른다.

결국 자존감이 높아보이는 나르시시스트들은 마음 깊은 곳에 자기혐오를 갖고 스스로를 보호하고자 애쓰는 건 아닐까? 더 냉소적이고 더 거리를 두며 아닌 척 가면을 쓰는 이유는 그만큼 진정한 나를 보는 게 두렵고 싫었던 것은 아닐까? 매일 조금씩 달라져 완전히 다른 사람이 된 필에게 리타는 사랑에 빠지고 그 순간, 내일이 찾아온다. 결코 올 것 같지 않았던, 너무 애타게 바랐던 내일이 드디어 온 것이다.

사랑에 빠진 필은 스스로 사랑할 수 있는 운명을 만들었고, 그에 대한 선물처럼 시간이 가는 것이 허락된다는 이야기는 매우 감동적이다.

》 나를 긍정적으로 생각하고 싶은 마음 이면에
   존재하는 자기부정 혹은 자기혐오

자존감을 '건강한 자기사랑의 척도'라고 한다면, 지나친 자기사랑으로 인한 나르시시즘에서 말하는 자존감은 분명 왜곡된 측면이 있을 것이다.

부시먼(Bushman)과 바우마이스터(Baumeister)(1998)는 정서와 인지를 분리해 정신역동적, 동기적 관점에서 자존감이 높은 사람과 자기애가 높은 사람을 구분하려고 했다. 그들은 "높은 자존감이 자신을 긍정적으로 생각하는 것을 의미한다면, 자기애는 자신을 긍정적으로 생각하고 싶어 하는 것과 관련된다"라고 보았다.[23] 즉 나르시시스트들이 말하는 자존감은, 자존감을 높이고 싶은 혹은 자존감이 높다고 평가받고 싶은 소망과 관련이 있을 수 있다.

자존감의 핵심이 환경적인 요인이나 타인의 반응에 흔들리지 않고 스스로에 대한 자기가치감 및 효능감을 느낄 수 있다는 것인데, 자신을 존중하지 않는다고 분노하는 나르시시스트들이 자존감이 높다고 할 수 있을까?

〈사랑의 블랙홀〉의 주인공 필은 '나처럼 대단한 사람이 작은 방송국에서 우스꽝스러운 취재를 한다'고 생각했다. 특별한 대우를 받고 싶어 했으며 그렇지 않을 때 분노하고 무시하며 살았던 것을 생각해보자. 반대로 마을사람들이 어떻게 생각하건 상관없이, 주어진 일을 당당히 해내고 진심으로 사람들을 배려하고 돕는 필의 변화된 모습을 떠올려보자. 과연 어떤 쪽이 더 자존감이 높다고 하겠는가?

필의 변화에서 중요한 것은 누군가를 위해 애를 쓰는 게 아니라는 것이다. 그는 반복되는 하루를 다른 관점으로 보기 시작했고, 자신의 삶 속에서 최선을 다해 기쁨을 느끼고자 했다. 그 결과 누군가를 사랑하게 되고 선의를 베풀게 되며 행복한 순간들이 늘어났다는 것이다. 즉 자존심을 세우려 노력하지 않았는데, 오히려 자존감은 높아진다. 반대로 자존감이 낮을 때 스스로에 대해 자신이 없어지기 때문에 자존심을 세우려 애를 쓰게 되는 것이다. 이런 측면에서 자기를 내세우는 나르시시스트들의 자존감이 어떨지 생각해볼 수 있다.

거만하게 자신을 내세우고 이를 인정하지 않는 상대방에게 분노하는 이들(외현적 자기애), 혹은 지나치게 외부의 눈치를 살피고 쉽게 우울해지는 이들(내현적 자기애)에게 '낮은 자존감'의 문제는 어쩌면 핵심주제가 된다.

자존감이 높은 사람들은 건강한 자기사랑의 잣대를 가진 사람이다. 자기의 개인적 가치에 대한 자신감을 갖고 있으며, 이는 재능이나 업적·관계에 대한 현실적인 자기평가에 기반을 두고 있다. 이들은 타인으로부터 부정적인 피드백을 받았다고 해서 자존감이 극적으로 저하되지는 않는다. 반면 자기애적인 사람들의 자존감은 쉽게 흔들린다. 성공과 실패, 타인의 평가에 의해 높아지거나 낮아지기를 반복한다. 마치 롤러코스터를 타듯이 으쓱했다가는 한없이 우울해지는 등 외부환경과 경험에 따라 감정기복이 심해지는 것이다. 이처럼 자기애적 성격의 두드러진 특징 중 하나는 자기에 대한 평가가 순식간에 극과 극으로 치닫는다는 것이다.

이러한 특징은 그가 만나는 상대에 대해서도 적용된다. 상담자와 만난 심리상담의 장면을 예로 들어보자. 상담자의 배경이나 외모, 첫 회에 자신을 만족시킨 한마디에 최고의 상담자로 격상시켰다가 시간이 지날수록 공감하지 못하고 지적하는 상담자에게 실망한 뒤로는 최악의 인간으로 치부해버린다.

이러한 현상을 게슈탈트 이론에서는 '자기애적 시소게임'이라고 말한다. 시소의 한쪽 끝은 '팽창감(inflation)'이며, 다른 쪽 끝은 '위축감(deflation)'이다. 팽창감의 극은 거대 자기감의 극으로 유명인이나 스타와 같은 존재가 된 것 같고, 흔히 다른 사람을 경멸하고 짓밟고 평가절하 하는 것을 동반한다. 시소의 위축감의 극('위대하지 못하면 쓰레기나 다름없다')은 시기심과 수치심, 그리고 분노를 느끼는 배고프고 길 잃고 힘없는 유아와 같다.[24] 그러니 이들의 문제는 자존감의 문제이기도 하다.

스스로를 평가하는 기준이 외부에 있어 자주 흔들린다는 것, 순식간에 시소처럼 높아졌다 낮아졌다 하며, 그 폭이 큰 만큼 좌절도 커 지나치게 위축되거나 분노하는 등 격렬한 반응을 보이는 것은 주변사람들에게 심각한 피해를 입히기도 한다.

》 자존감을 유지하기 위해
   누군가를 필요로 한다

취약한 자기로 가면을 쓴 채 살아가야 하는 나르시시스트들은 스스로 자기가치감을 회복하기 어려워 누군가가 필요하다. 지속적인 칭찬과 지지를 해주는 누군가에게 의존하기도 하며, 그럴

듯한 사람과 관계를 맺으면서 자기가치를 높이려고 한다.

자신의 문제를 돌아보기 전에 상담자의 경력을 탓하며 명성이 높은 사람을 찾아 쇼핑하듯 치료를 거듭하기도 한다. 자기애적 성향의 사람들과 상담을 진행하게 되는 경우, 상담자 역시 스스로 팽창된 느낌, 대단한 사람이 된 것 같은 느낌으로 자기도취에 빠지게 될 수도 있다.

그러나 이는 곧 무너져 내려 서로에게 큰 상처를 입히게 된다. 사소한 실수에 쓰레기 더미에 내동댕이쳐진 기분을 느껴본 적이 있는가? 회복하기 힘든 상처가 될 수 있는 이런 감정들은 자기애적 성향이라는 것을 이해할 때 조금 나아질지도 모른다.

인간은 누구든지 완벽할 수 없다. 자존감을 유지하려면 그럴듯해보이는 나도, 실수하는 나도 모두 그대로 괜찮다고 인정할 수 있어야 한다. 그러나 그게 또 말처럼 쉽지 않다. 뭐든 실패 없이 잘하고 싶고 인정받고 싶은 것 또한 인간의 보편적인 욕구이기 때문이다. 좌절하고 실망하게 될 때 그것을 잘 극복해내는 것은 나르시시스트뿐만 아니라 모두에게 어려운 과제다.

그러나 여기서 자기애적 성향의 사람들이 명심해야 할 것이 있다면, 자기가치감의 추락으로 인한 격한 감정들, 의식적이건 무의식적이건 분노와 수치심 같은 것들로 인해 타인을 해치는 행동이 정당화되어서는 안 된다는 것이다. 폭력적인 언행이나 상대를 기만하고 이용하는 행동들이 내가 너무 괴로워서라는 이유로 합리화될 수도 있다.

하지만 아무리 괴로워도 시간을 들이고 견뎌가며 스스로 소화시키는 사람들이 있다. 물론 자기애적 분노 이면에는 너무나 취약해서 크게 실망하는 작은 자기가 있다. 그것을 잘 성장시켜 단단하게 만드는 일이 자기애적 성격의 치료에 관건이 된다.

있는 그대로 나를 평가하는 것, 잘하는 것과 못하는 것을 그대로 인정하고, 그저 그 모습 그대로 괜찮다고 인정해줄 수 있는 과정에서 단단한 자기가 필요하다. 그 출발은 자기자신에 대해서 잘 아는 것이다. 가면을 벗고 자기자신에게만큼은 솔직해져야 한다.

내가 아무리 유능한 인재라 할지라도, 아무리 열심히 준비한 프로젝트라 할지라도 실패하고 상사에게 싫은 소리를 들을 수 있다. 이때 자존감을 유지하기 위해서는 어떻게 해야 하는가? 현재의 실패에 좌절하며 포장하거나 그럴 듯한 누군가의 도움으로 쉽게 벗어나려 할 때, 일단 멈추어라. 지금 이 순간은 못났지만 내가 이전에 얼마나 쓸모 있는 사람이었는지를 생각하고 균형을 찾아야 한다. 나아가 나를 비난한 상사에게 분노하는 마음이 차올라 벌을 주려 한다면 일단 멈추어라. 그 역시 무언가에 실망한 것이지 나의 전체를 비난하는 것이 아니다.

내가 그에게 벌을 준다고 해서 무엇이 달라지겠는가? 영화 속 주인공처럼 조금 다르게 살아보면 어떨까? 내게 무엇이 중요한지, 내 삶은 어디로 가고 있는지, 우리는 모두 잠시 멈추어볼 필요가 있다.

내게 지금 주어진 상황을 바꿀 수는 없지만 조금 다르게 바라볼 수는 있다. 함께 일하는 상사의 성격을 바꿀 수는 없지만, 그와의 관계는 내가 어떻게 바라보고 행동하느냐에 따라서 달라진다. 상대의 비난에 지나치게 분노하고 있다면, 혹시 나 자신이 그런 비난의 말을 하고 있는 것은 아닌지 생각해보자. 〈사랑의 블랙홀〉에서 필이 스스로를 얼간이로 취급하며 사람들의 태도에 피해의식을 가졌던 것처럼 말이다.

나에 대해서건 상대방에 대해서건 비난을 내려놓고 삶의 태도를 바꿀 때 감정은 변한다. 상대를 벌주고 싶을 정도로 화가 나지 않을 수도 있고, 어쩌면 화를 내지르지 않고도 마음의 평화를 찾을 수 있을지도 모른다. 이러한 과정들은 스스로를 더욱 단단하게 하고 당당하게 만들어 자존감을 더 높아지게 할 것이다.

출발은 자기자신에 대해서 잘 아는 것이다.
가면을 벗고 자기자신에게만큼은
솔직해져야 한다.

마음의 병이 결국 '자기(self)'가 얼마나 건강한지와 관련된다고 볼 때, 누구에게나 자기사랑의 문제는 중요하다. 자기애적인 사람이건 아니건 간에 우리는 유난히 취약해진 자기를 다독이고 보살펴야 할 때가 있다. 그런 의미에서 이번 PART의 글은 취약한 자기를 마주할 때 활용할 수 있는 '자가치유법' 정도로 생각해보면 좋겠다. 스스로를 잘 알고 공감하며 나아가 상대방에게 공감하고 각자의 건강한 자기로 사랑을 이루는 과정을 단계별로 정리해보았다. 덧붙여 책·영화·음악에서 보여주는 삶의 지혜도 소개한다.

PART 3

자기사랑을 막는 나르시시즘,
어떻게 치유할 것인가?

나의 취약한 부분과 만나기:
자기인식, 자기공감

상담에서 한두 회기 만에 변화를 이끌어내는 사람들은 자기인식능력이 뛰어난 경우일 수 있다. 나의 생각과 감정, 그 이면의 욕구를 아는 것은 변화의 시작이 된다.

"어머니는 나를 당신의 거울로 생각했지만, 거기에 비친 모습이 마음에 들지 않는다며 거울을 탓했다."

『멀고도 가까운』이란 에세이에서 발췌한 글이다. 작가 리베카 솔닛(Rebecca Solnit)의 어머니는 아마도 나르시시스트였던 것 같다. 알츠하이머에 걸려 정신을 잃은 순간까지, 아니 그 후에도 딸을 온갖 방식으로 괴롭혔다. 작가는 어머니와 함께 치열하게 살아냈다. 그리고 그 이야기를 책으로 펴냈다. 어머니를 이해하기 위해, 어머니의 이야기를 쓰려 했던 그녀는 아마도 자기 스스로를 이해하고 지나온 삶과 진정한 화해를 이루지 않았을까?

그런 측면에서 『멀고도 가까운』은 대단한 책이다. 나와 타인을 공감하는 치유의 과정을 거쳐 수많은 사람들에게 그 결과물을 통한 통찰을 유도해냈기 때문이다. 실제로 추천사에 등장한 사람들은 책을 읽는 과정이 자기치유의 과정이었음을 고백하고 있다.

어머니가 자기애적 성향이었던 사람들은 좋든 싫든 비슷한 성향으로 자랄 수밖에 없다. 거울을 보느라 바빴을 엄마, 심지어 나를 거울로 생각해 온갖 좋은 것과 나쁜 것을 아이에게 투사했을 그 엄마 곁에서 아이는 자기를 온전히 사랑할 수 없다. 그 수준이 성격장애에까지 이르렀다면 말할 것도 없다. 아이를 자신의 소유물로 여기고 자기를 과시하기 위한 수단으로 생각했다면 그 아이는 텅 빈 자기로, 타인이 비추어주는 것에 의존하며 불안해하고 때론 분노하며 살아가게 될 것이다.

한편 우리 모두는 어느 정도 자기애적 성향을 갖고 있다. 정도의 차이는 있지만 마음의 병이 결국 '자기(self)'가 얼마나 건강한지와 관련된다고 볼 때, 누구에게나 자기사랑의 문제는 중요하다. 나아가 고정된 자기가 없다고 볼 때, 우리는 각자가 처한 환경 혹은 어떤 사람과 관계를 맺느냐에 따라 유난히 취약해진 자기를 다독이고 보살펴야 할 때가 있다.

그런 의미에서 이번 PART의 글은 취약한 자기를 마주할 때 활용할 수 있는 '자가치유법' 정도로 생각해보면 좋겠다. 글을 통해 어머니와의 관계에서 상처받은 스스로를 치유해갔던 작가처럼, 우리도 무언가를 해볼 수 있다. 나와 상대방을 더 이상 할퀴지 않고 사랑 안에서 행복하기 위해서 말이다.

자기(self)에 대한 문제를 해결하려면 일단 그것을 제대로 알아야 한다. 심리상담은 나를 잘 알기 위한 과정이다. 현실에 이미잘 적응하고 있는 사람들이 찾아오는 기업상담은 때로는 매우단순하다. 처음엔 한 회기 만에 효과를 보았다는 내담자들을 믿을 수가 없었다. 단순히 한 시간 동안 자기에 대해, 현재 무엇이힘든지에 대해 이야기를 했을 뿐인데 얼굴이 밝아지고 마음이편안해졌다고 보고한다. 어쩌면 이것은 스스로를 아는 것, 즉 나의 감정을 알고 생각을 정리해보는 것이 현재의 어려움에서 빠져나오는 데에 얼마나 중요한 일인지를 보여준다.

다만 나에 대한 이해가 곧 현재의 고통에 대한 이해와 같지 않기 때문에 최소 5~10회기의 상담을 진행하면서 고통 속에서 변화하는 나에 대해 들여다보는 것은 매우 중요하다.

그럼에도 불구하고 한두 회기 만에 변화를 이루는 경우가 종종 있다. 이런 사람들은 특별히 자기인식 능력이 타고났을 수도있고, 이미 스스로에 대한 생각을 혼자 많이 했을 수도 있다. 그들에게는 단지 자신의 이야기를 들어줄 대상이 필요했는지도 모른다. 이처럼 자기인식(내가 어떤 생각을 갖고 있으며 어떤 감정으로 힘들거나 혹은 좋은지, 어떤 행동을 하고 그것이 나와 타인에게 어떤 영향을 주는지 등)을 아는 것은 스스로를 이해하고 공감하며, 나아가 사랑하기 위한 첫 번째 단계이자 때론 전부이기도 하다.

》 감정
알아차리기

그렇다면 과연 내 마음은 어떻게 알 수 있을까? 한동안 '감정'에 대한 심리서가 유행한 적이 있다. 분노·우울 등 부정적인 감정을 어떻게 처리할까에 대한 책부터 『감정사용설명서』처럼 전반적인 내 감정을 어떻게 다룰 것인가에 대한 책에 이르기까지 다양하다. 그리고 많은 사람들이 감정 관련 책들을 들추어본다.

상담에서 감정을 묻는 질문을 많이 하는 것도 다 이유가 있다. "그 순간 감정이 어땠나요?" "지금 어떤 느낌이에요?"라는 질문에 내담자는 당황하고 물러서기도 한다. 그럼에도 불구하고 감정에 대한 책에는 호기심으로 다가선다. 감정을 알고 표현하는 것은 낯설지만, 무언지 모르고 늘 나를 따라다니는 것이 감정이기 때문이다. 익숙한 것과 중요한 것이 다른 것처럼, 감정의 표현이 익숙하지 않다고 해도 우리는 은연중에 그것이 중요하다는 것을 안다.

감정은 왜 중요할까? 바로 내 마음을 알려주는 단서가 되기 때문이다. 지금 이 순간의 감정은 매우 생생하게 나를 표현한다. 따라서 분노건 불안이건 우리는 내가 지금 느끼는 모든 감정을 잘 알아차릴 필요가 있다. 나와 나, 그리고 타인과의 건강한 소통을 위해서 말이다.

그렇다면 우리는 언제 어떤 감정을 느끼는가? 우리는 보편적으로 어떤 욕구가 충족되면 기분이 좋고 반대로 좌절되면 기분이 나쁘다. 즉 감정의 이면에는 내 욕구의 충족과 좌절에 대한 정보가 있다. 예를 들어 애인과 헤어졌을 때 슬픔을 느낀다면 어떨까? 사랑하는 사람과 함께 하고 싶은 욕구, 사랑과 인정을 확인하고 싶은 욕구가 좌절되었다는 것이다. 같은 상황에서 해방감을 느꼈다면? 그건 아마 자유에 대한 욕구가 충족되어 느끼는 긍정적인 감정일 것이다.

따라서 개인이 느끼는 각각의 감정들은 그의 마음속에서 어떤 일이 벌어지고 있는지를 추측할 수 있게 해준다.

자주 부끄러운 내현적 자기애자의 경우를 떠올려보자. 나서고 싶지 않지만 사람들로부터 관심을 받게 될 때 은근히 기쁜 마음이 든다면 내 마음에 무언가가 충족된 것이다. 자기애적 성향의 사람들이 주로 집착하는 사랑과 인정의 욕구를 확인할 수 있다. 그와 동시에 생각만큼 잘되지 않은 발표에서 수치심을 느끼고 있다면, 그것을 그대로 바라보아야 한다. 수치심을 부정한 채 누군가의 탓으로 돌리고 비난한다면, 약한 마음을 방어하기 위한 노력이자 자기보호를 위해 상대를 희생양으로 삼는 일을 무의식적으로 반복하는 것이 된다.

따라서 자기애적인 성향을 알고 변화하고 싶다면, 즉 나에게서 벗어나 누군가를 사랑하기로 결심했다면 수치심 그대로를 느껴보아야 한다. 부끄러운 채로 나를 끌어안아 줄 수 있어야 한다. '내가 완벽하게 해내고 싶었구나. 내 능력을 발휘하고 싶었구나'라고 감정의 이면에 좌절된 욕구를 알아주는 것, 이것이 바로 자기공감의 핵심이다.

이때 기억해야 할 것은 '인간의 욕구는 보편적'이라는 사실이다. 한 여성은 결혼생활에서 성적인 욕구가 만족되지 않자 고민에 빠졌다. 연애할 때는 섹스(sex)에 적극적이던 남편이 결혼 후 급격히 시들해진 것이 불만이었다. 고단한 일상에 치여 남편과 멀어지는 것이 아닌가 걱정도 되었고, 친밀감을 느낄 수 있는 기회가 줄어드는 것도 아쉬웠다. 그와 동시에 성적인 욕구를 참아야 하는 것이 괴롭다는 생각이 들자 자책이 시작되었다.

'내가 너무 밝히는 여자인가?'란 생각부터 시작해 결혼하고 아이까지 낳은 엄마가 성적인 욕구불만에 쌓여 남편에게 짜증을 낸다는 것을 인정할 수가 없었다. 그녀의 세계에서는 '성욕은 남자에게만 있다' 혹은 적어도 '남자가 더 많다'라는 명제가 확고한 것 같았다.

반대로 한 남성은 아내가 아닌 다른 여성을 보며 성욕을 느낀다는 것에 대해 심한 죄책감을 느꼈다. 실제로 바람을 피우는 것도 아니면서 그런 욕구가 생긴다는 것만으로도 매우 불편했던 것이다. 두 사람 모두 자연스럽고 보편적인 인간의 욕구를 부정하면서 괴로운 마음을 2배로 느껴야 했다.

앞서 언급한 결혼한 여성은 안 그래도 아쉬운 상황에서 자책까지 하느라 괴로웠을 것이다. 후자의 경우에는 잠깐 스치고 지나갈 수 있었던 생각이 나쁜 것으로 인식되면서 문제로 치부되고 더 집중되어 해결하기 힘든 과제가 되어버릴 수 있다.

결핍된 욕구를 알았다면 잘 떠나보내야 한다. 이때 상담자, 혹은 가까운 사람들이 나를 객관화시켜주고 용기를 주는 것이 필요하다. 어느 누구도 완벽할 수 없으며, 언제나 잘해낼 수 없다는 것을 알려주고, 이상화된 자기개념에서 빠져나올 수 있도록 도와주어야 한다. 스스로 해볼 수도 있다. 주변에 완벽하지 않은 채로 살아가는 괜찮고 멋있는 사람들을 떠올려 볼 수도 있다.

　가만히 살펴보면 인간의 모자란 측면이 바로 매력이 되는지도 모르겠다. 우락부락한 근육맨이 사랑을 고백할 때, 언제나 반듯한 동료직원이 술자리에서 무너질 때, 못하는 게 없어서 냉정해보였던 아내가 울면서 힘들다고 말할 때, 그 작은 틈을 통해 사랑이 시작되는지도 모른다.

　감정을 알아차리고, 그 이면에 좌절된 욕구를 확인한 뒤 떠나보내는 것은 내 마음을 알고 공감하는 유일한 과정이자 자기치유의 핵심이다. 미국의 심리학자 마샬 로젠버그(Marshall Rosenburg) 박사가 개발한 비폭력대화(Nonviolent Communication, 이하 NVC)는 사람과 사람의 관계가 공감과 연민으로 평화롭게 연결될 수 있다는 가능성을 보여주는 의사소통 프로그램이자 삶의 철학이다.

필자는 이 프로그램에서 가장 중요하고, 가장 먼저 연습되어야 하는 것이 바로 '자기공감'이라고 생각한다. 다른 사람과 대화를 잘하기 위해서는 먼저 내 마음을 내가 잘 알아야 하기 때문이다. 앞서 말한 '자기를 잘 알고 욕구의 좌절을 애도하는 과정'을 NVC에서의 자기공감연습에 적용하면 어떨까? NVC에서 나와 내 마음이 연결되기 위해 우선 3가지 단계에 초점을 맞춘다.

첫 번째 단계는 '관찰'이다. 우리는 사실을 말한다고 하지만, 가만히 살펴보면 있는 그대로 묘사하는 것이 아니라 판단을 내리는 경우가 대부분이다.

예를 들어 '남편은 자기밖에 모른다'라는 표현이 객관적인 사실이라고 말할 수 있을까? 아닐 것이다. 이것을 관찰의 언어로 바꿔보자. '내가 일주일 내내 혼자 아이들을 보살피느라 애를 먹었는데, 일주일 만에 집에 들어온 남편은 내게 말 한마디 없이 밥을 먹고 잠이 들었다'의 상황이라면 어떨까? 그 상황을 놓고 아내는 '자기밖에 모르는 사람'이라고 남편을 판단한 것이다.

물론 하나의 사건만을 가지고 판단하지는 않았다고 해도 적어도 그날 그 상황에 대한 객관적인 관찰의 표현은 아니다. 이렇게 판단을 내려버리면 그 순간의 감정을 그대로 느끼기가 어렵다. 화가 나고 상대를 비난하게 되기 때문이다. 반면 그저 관찰하는 그 순간에 머물면 불쑥 화가 났던 내 마음의 더 깊은 감정들을 만나게 된다. '애썼다는 말 한마디 없이 잠을 자는' 그 상황을 바라보는 아내의 심정은 어땠을까?

두 번째 단계는 '감정을 살피는 것'이다. 외롭고 속상하며 혹은 좀 슬펐는지도 모르겠다. 화나는 강렬한 감정에 휩싸일 때, 공격하고 싶은 마음밖에 들지 않았던 것과는 다르게 내 마음을 들여다 볼 수 있다. 내가 공격하면 상대는 방어한다. 혹은 함께 공격한다. 그가 잘했건 못했건 간에 공격을 당하면 일단 스스로를 보호하는 것이 본능이기 때문이다. 따라서 화를 거둔 다음 다른 감정을 잘 살피고 표현할 수 있어야 한다. 그게 나에게도 좋다. 다시 돌아가서 외롭고 슬픈 감정은 어떤 근거로 촉발된 것일까?

세 번째 단계는 바로 '좌절된 나의 욕구를 살피는 일'이다. 아내는 사랑과 인정의 욕구가 좌절되었을 수 있으며, 휴식과 평화의 욕구가 필요했는지도 모른다.

아직 남편은 잠을 자고 있으며 스스로 마음을 먼저 다독여야 할 때, 내 마음을 알아차리는 NVC의 과정은 남편을 자기밖에 모른다고 비난하는 생각들과 그로 인한 화 등 험난하게 파도치는 내 마음을 조금 잔잔하게 만들어줄 수도 있다. 아내는 좌절된 욕구를 바라보며 눈물을 흘릴 수도 있고, 아이들을 이웃에게 잠시 맡기고 휴식의 시간을 스스로에게 줄 수도 있다. 눈물로 애도하거나 욕구를 다른 방식으로 채우는 등 진정이 되고 나면, 일어난 것들에 대해 남편과 진지하게 대화를 나누고, 운이 좋다면 상대방의 공감을 받아낼 수도 있다.

NVC를 통한 자기공감의 과정이 낯설고 어색하다면 감정일기를 써보는 것도 도움이 된다. 감정에 휩쓸리지 말고 떨어져서 바라보고 그 실체를 종이에 적어보자. 인간의 마음은 매우 복잡해서 하나의 상황에서 수많은 감정을 한꺼번에 느끼는 경우가 많다. 이때 망망대해와 같은 내 마음 안에서 출렁이는 모든 감정의 파도를 있는 그대로 적어보는 것이다. 그리고 그 중 가장 강렬한 감정, 센 파도에 가만히 머물러보자.

이렇게 내 마음을 내가 먼저 알아주었다면 부끄러움을 끌어안고 상대에게 솔직하게 다가서보자. 내가 실은 사랑받고 싶어 그랬다고 말이다. 확인하고 싶고 그렇지 않으면 불안해서 그랬다고. 생각보다 솔직한 나를 반기는 사람들이 많고, 그대로 사랑해줄 사람들이 많다는 것을 기억하자. 여러 가지 이유로 신뢰감을 잃었던 나이지만, 내 마음에 내가 공감하고 그대로 표현하고 나면 뜻밖의 결과를 얻게 되기도 한다. 사람들은 여전히 따뜻하고 나와 다를 바가 없다고 말이다. 우리는 모두 인간이라는 나약한 존재이므로.

변화의 동기를 찾기:
상대방의 반응을 이해하고 공감하기

나를 알고 스스로에게 공감할 수 있었다면 타인의 마음을 헤아릴 준비가 된 것이다.
사랑하는 그를 잃고 싶지 않다면 노력이 필요한 순간을 잘 포착해야 한다.

스스로 자기감정을 인식하고 마음도 알아차렸다면, 이제 상대방을 공감할 차례다. 내가 사랑하는 사람을 붙잡기 위해서라도, 그에게 상처가 된다는 것을 알게 되면 멈출 수 있다. 즉 취약한 자기로 내 안에만 몰두하던 자기애적 성향의 사람들이 내 안에서 빠져나와 사람과 소통하기 위해서는 변화를 위해 애써볼 동기를 찾아야 한다.

자기애적 성향의 사람들은 상담에 스스로 찾아오는 경우도 드물지만, 찾아온다 하더라도 변화는 더디다. 늘 잘난 사람이어야 마땅한데, 조금이라도 나를 비난하는 말이 나오거나 모자란

면에 직면해야 할 때 실망의 정도가 극심하고 상담자를 비난하기 쉽기 때문이다. 상담장면에서는 상담자가 이를 견디고 공감의 실패를 공감하며 조금씩 거리를 좁혀간다. 그러나 현실의 관계에서 상담자 역할을 해주는 사람은 극히 드물다.

》 관계는
상호적이다

내가 불안하고 화가 나는데 상대방은 안정적이고 좋기만 할 수는 없다. 따라서 내가 불안을 느낀다면, 혹은 이미 화를 표출해버렸다면 상대방의 감정에도 빨간불이 켜졌을 가능성이 크다. 그리고 감정은(그것이 부정적이라 할지라도) 어떤 에너지가 되기 때문에 잘 활용할 필요가 있다. 갈등을 통해 더 단단해지는 관계는 불꽃처럼 피어오른 감정의 에너지를 잘 활용한 결과다.

넘겨짚고 괜찮은 척하지 말고, 혹은 상대방은 무시한 채 내 마음만 바라보지 말고, 잠시 멈추어 초점을 '너'에게로 이동해야 한다. 내 불안에서 빠져나와 의도적으로 그를 바라보는 것이다. 그는 왜 멀어지는지, 나를 뺀 그의 삶에 어떤 문제가 있는 것은 아닌지, 내 불안 이전에 그가 경험한 세계는 무엇인지 말이다.

또 내가 습관적으로 화를 표출했다면 상대의 반응을 살펴보아야 한다. 갈등의 해결은 화를 낸 이후부터 시작이다. 일단 내 감정의 쓰레기통이 된 상대방의 마음을 살펴야 한다. 나로 인해 상처를 받았는지, 두려움에 떨고 있는지 확인해야 한다. 그의 마음에 공감한 후에 내 진심을 전달할 수 있다면 더 좋다. 어쩌면 상대방은 달아나려고 준비중인지도 모른다. 내게는 일상적이고 사소한 감정표현일지라도 그건 나의 세계, 나의 해석일 뿐이기 때문이다. 진심을 전달하는 과정에서 그 역시 내 마음에 공감할 수 있다면 달아나지 않고 좀더 버텨줄 수 있을지도 모르겠다.

자기애적인 한 남성은 여자친구가 생기면서 조금씩 변화하기 시작했다. 평소 운전을 하거나 물건을 살 때, 그밖에 불특정 다수의 사람들과 사소한 일로 자주 부딪히고, 그때마다 화를 폭발했던 그는 여자친구가 힘들어하자 자신의 문제를 돌아보게 되었다. 둘의 갈등상황에서도 물론이었지만, 옆에서 지켜보는 것만으로 여자친구는 겁에 질리고 불편해했으며 때론 울기도 했다. 관계가 깊어지고 서로 더 편해지면서 그가 남을 대하는 태도로 인해 여자친구와 싸우는 일도 잦아졌다.

중요한 건 그가 여자친구와 헤어지고 싶지 않았다는 것이다. 이만큼 나를 배려해주고 친절하게 내 곁을 지켜주는 사람이 없었다. 부모님께도 잘했고 자기관리도 잘하는 놓치고 싶지 않은 사람이기도 했다. 그래서인지 순간 욱하고 화를 내지른 다음에는 곧 불안해졌다. 누군가에게 상처를 주고 싶지 않다는 생각이 처음으로 들면서 변화에 대한 동기가 생겼다.

여전히 거슬리고 이해 안 되는 상황이 많았지만 한번 참아보고 한번 더 생각해보았다. 하루아침에 말투나 표정이 바뀌진 않았지만, 싸우고 나면 인정하고 좀더 노력해보겠다고 말할 수 있었다. 이 모든 것이 상대방을 좋아하게 되고, 그의 마음에 의도적으로 초점을 맞추었을 때 비로소 생긴 마음이다.

》 어느 한 명은 먼저 손을 내밀어야 하고,

그것은 매우 좋은 시작이다

그럼에도 불구하고 진심으로 나의 잘못을 인정하고 있는 것은 아니라서 모래성을 쌓듯 와르르 무너지기 쉽다. 왜 항상 나의 화는 인정받지 못하는지 의아해할 수도 있고, 내 마음을 좀 알아달라고 떼를 쓰게 될 수도 있다. 사랑하는 사람 앞이라고 하지만 약한 모습을 보이는 것도 내키지 않을 수 있다. 나는 누구보다 자긍심이 강한, 나를 사랑하는 사람인데 내 잘못을 인정하는 것은 나를 낮추는 일인 것 같아 불쾌해질 수 있다.

이런 생각이 계속되면 좋아하는 감정이 어땠건 간에 상대방에게 더 화가 나고 때론 배신감이 느껴지기도 할 것이다. 여자친구에게 '네가 내게 받은 게 얼마인데, 내가 너를 얼마나 배려해주는데! 왜 넌 날 있는 그대로 인정하고 지지해주지 않는 거지?'라며 반박하고 싶을 수도 있다. 작은 부분 하나하나까지 따지다가 잘난 내가 아깝다며 돌아서서 다른 여자를 찾게 될 수도 있다. 어딘가엔 분명 그럴듯해 보이는 모습에 반해 못된 행동도 수용해줄 사람이 있게 마련이다.

분명한 건 그런 상대와의 관계가 오래 지속되진 않을 거라는 것이다. 왜? 인간의 욕구는 보편적이니까. 우스갯소리로 '의존성 성격장애자와 자기애성 성격장애자의 찰떡궁합'을 말하기도 하지만, 병적인 관계는 결국 안 좋게 끝날 확률이 높다. 결국 나를 바꾸는 수밖에 없다. 나의 생각을 바꾸고 표현을 조금씩 바꾸어보면 예상치 못한 좋은 경험을 하고 생각보다 더 큰 만족감을 얻을 수도 있다.

자존감이 높다고 생각하는 외현적 자기애자는 그것을 지키기 위해 늘 강한 척하려고 애쓴다. 어쩌면 자존감의 뜻을 잘못 이해한 결과다. 내 잘못을 인정하고 진심으로 사과할 수 있을 때, 나의 외로움을 수용하고 표현할 수 있을 때, 진정으로 용감하고 자존감이 높은 사람이 된다.

그럼에도 불구하고 거만함의 가면을 쓴 자기애자는 좀처럼 먼저 인정하지 않는다. 나를 인정하고 존중해달라며 버티고 날을 세운다. 그러나 어느 한 명은 먼저 손을 내밀어야 한다. 사랑을 표현하는 것도, 관계를 위한 무언가를 요청하는 것도 용기 있고 강한 사람이 할 수 있는 일이다.

사랑받고 인정받고 싶다면, 그리고 그러한 상대가 내게 소중한 사람이라면 주저하지 말고 용기를 내야 한다. 어쩌면 그 경험이 모든 것을 바꾸어놓을 수도 있다. 상대방은 당신을 신뢰하게 되고 당신의 용감함을 존중하게 될 것이다. 그리고 그것이 바로 사랑받고 싶고 칭찬받고 싶은 자기애적 성향의 사람들이 원하는 모든 것인지도 모른다.

조금씩 변화하는 나를 믿기: 좌절을 버티고 한 단계 뛰어넘기

타고난 성격을 변화시키기는 어렵지만, 조금 거리를 두면 조절할 수 있다.
하루하루 조금씩 변화하는 나를 내가 알아주고 지지하면 그 힘으로 한 발 더 나아가게 된다.

최근 스트레스를 극복하기 위한 방법으로 마음챙김(mindfulness) 명상이 유행이다. 불교의 명상에서 위안을 얻은 서양학자들이 심리학의 이론과 접목시켜 만든 마음챙김은 삶에 임하는 존재방식(way of being)이기도 하다.

'현재의 자각을 통해 과거나 미래에 대한 쓸데없는 생각들을 내려놓고 맑은 정신으로 바른 선택을 하게 된다'는 것이 마음챙김 명상의 핵심이다. 몸의 감각에 주의를 기울이는 다양한 명상 수련을 반복해 연습하고 이에 조금씩 나를 변화시키는 것이다.

예를 들어 호흡명상으로 오직 숨 쉬는 것에만 주의를 기울이고, 걷기명상으로 걷는 행위 혹은 발바닥의 느낌 자체에만 주의를 기울여 마음을 다독인다. 복잡한 생각에서 벗어나도록 하고 생각의 균형을 맞추도록 해주며 평정심을 찾아 흔들리지 않도록 돕는다.

이러한 마음챙김 명상의 7가지 기본태도에는 '인내심'이란 것이 있다. 변화에는 늘 시간이 필요하며 그것을 수용하고 기다리라는 것이다. 이때 인내심은 무조건 참는 것을 의미하지 않는다. 아프다고 피하지 않고, 아픈 것을 그대로 바라보면서 견뎌보는 것이다. 아픔을 끌어안는 것. 왜 아프냐고 원망하지 않고 그저 내가 느끼는 통증을 그대로 인정하고 안아주는 과정이다.

» 삶의 크고 작은 실망과
좌절을 떠올려보라

나르시시즘은 애정결핍의 산물이다. 사랑받아야 할 시기에 사랑받지 못했기 때문에 그것을 놓지 못하고 집착한다. 그러니 누구보다도 살아오면서 겪었을 크고 작은 실망들이 존재했을 것이다. 여기서 중요한 것은, 개인이 경험하는 좌절과 그 고통의 크기는 객관화시킬 수 없다는 것이다. 누군가가 보기엔 아무것도 아닌 일이, 어떤 사람에게는 큰 고통이 되기도 한다. 어쩌면 나르시시즘 이면에 숨은 좌절이 그에겐 어떻게 해서라도 숨기고 싶은 치부일지도 모르겠다. 아픔을 인정하고 나아가기엔 너무나 커서 감추느라 화를 내고 가면을 쓰는지도 모른다.

그러나 이것 또한 주관적인 판단이라는 것을 이해해야 한다. 누구나 삶에 크고 작은 좌절들이 존재한다. 어쩌면 그로 인해 우리가 이만큼 성장했는지도 모른다. 어머니의 짜증, 아버지의 분노, 때론 격렬한 싸움과 버려질 것 같은 공포. 형제 사이에서 치열하게 경쟁해야 했던 역사나 너무나 취약한 환경에 버려져 어떻게든 홀로 살아남아야 했던 시간들. 그것을 부정하고 살아남기 위해 더 특별해야 하고 더 인정받아야 하며 무리한 시도로 누군가에게 상처를 주었던 시간들이 있었는가?

외모도 능력도 어느 것 하나 빠질 것이 없어 보이는 A는 사람들과의 관계에서도 특별한 갈등 없이 무난히 지내왔다. 회사에서도 성실하고 능력 있는 사람으로 인정을 받아왔다. 그러던 어느 날 동료와 관계가 틀어지면서 인생의 위기가 찾아왔다. 사소한 오해로 시작된 갈등은 쉽게 풀리지 않았고 생각보다 정서적인 타격이 컸다. 이 사건을 계기로 A는 이제까지 살아오면서 인간관계가 어땠는지 돌아보게 되었고 회의감이 밀려왔다. 바쁘게 살 땐 잘 몰랐는데 막상 힘든 상황에서 의지할 만한 상대가 없다는 생각이 들자 그동안 뭘 하고 살았는지 허무해졌다. 업무적으로 맺는 관계들은 그때뿐이었고 길게 지속되는 관계가 없었다.

외롭고 우울한 상태로 상담을 받게 된 그는 그동안 잊고 있던 삶의 좌절들을 하나씩 떠올리게 되었다. 지금까지의 삶을 돌아보면 어떻게 버텼나 싶은 시간들을 그는 악으로 깡으로 버텨왔다. 혹독한 세상에서 살아남기 위해 믿을 것은 내 몸 하나뿐이었다. 홀로 외롭게 싸우면서 자연스럽게 남에게 의지하는 법, 남을 믿고 존중하는 방법을 배우지 못했다. 그가 성공하기까지 분명 누군가의 도움이 있었을 것이고, 때로는 누군가의 희생이 있었을텐데 거기까지 헤아릴 여유가 없는 것 같았다.

» 나의 실수를 인정하는 동시에
나의 긍정적인 변화를 인식하라

내 삶이 너무 팍팍하고 힘들 때 누군가의 마음을 살피기가 어려워진다. 내 몸 하나 챙기기도 버거운데 상대의 상처까지 어떻게 챙기겠는가. '나는 만신창이인 채로 과거의 시간을 견뎠는데 너는 뭐가 그렇게 힘들다고 내게 도전하는가?'라고 생각할 수도 있다. 현재에 벌어진 너와 나의 문제를 과거의 나로 접근하면 소통할 수 없다. 상대방이 힘들고 기분이 상했다면 분명 이유가 있을 것이고 들어보아야 한다. '나는 그런 사람이 아니다'라고 선을 긋고 나면 상대는 나를 이상한 사람으로 만드는 적이 되고, 나는 그 적과 마땅히 싸워야 하는 전쟁상태가 되는 것이다.

완벽하게 잘 지내야 하는데 동료와 틀어진 상황을 받아들일 수 없었던 A는 스스로에 대한 확고한 신념을 놓지 못하는 것 같았다. 그 신념은 수많은 좌절 속에서 그를 성장시킨 동력이 되었지만 이제 좀더 유연해져야 했다. 삶은 더불어 살아가는 것이고 누구나 실수를 할 수 있으며, 그 실수 안에서 관계를 통해서 우리는 또 다른 성숙을 경험하게 된다.

어느 날 문득 깨닫게 되는 순간이 있다. 그때 나의 행동이 상대방에게 얼마나 상처가 되었을지, 돌이킬 수도 없고 새삼 사과한다고 해도 나아질 것이 없는 상황이지만 불쑥 떠오르는 생각들에 가슴이 철렁 내려앉기도 한다. 상대를 미처 배려하지 못하고 나를 보호하기 위해 했던 행동들, 사랑하는 사람을 떠나보낸 일들, 내가 어떻게 보일지 신경 쓰느라 아이를 방치했던 순간들… 안타깝지만 일어난 일이다. 아닌 척 외면하고 싶지만 내 인생의 일부다. 그럴 땐 그저 떠올려보자. 아픈 그대로 느끼고 다시는 같은 실수를 반복하지 않도록 직면하는 것이다. 잘못은 잘못이며 내가 책임져야 마땅하다.

그러나 책임지는 방법이 어떤 방향으로건 폭력적이어선 안 된다. 남 탓으로 돌려 그에게 분노를 퍼붓거나 나를 비난하며 우울감에 빠지는 것 모두 좋지 않다. 그때는 미처 몰랐지만 지금은 알 수 있는 것들도 있다. 그때 몰랐다고 해서 나를 그대로 낙인찍어서는 안 된다. 이미 나쁜 사람으로 결정된 나는 변화할 수 없다. 그러니 나의 긍정적인 변화를 찾아야 한다. 관계 안에서 기쁨을 찾고 그것을 누리기 위해 나의 잘못을 수용하고 뉘우치며 성장의 기회로 삼는 것, 과거의 나와 화해하는 과정은 아픈 만큼 소중하다.

》 격려하고 되새겨라,
   아무리 작은 것일지라도

이러한 과정에서 또다시 나와 타인에 대한 비현실적인 기대를 하고 있다면 알아차리고 버려야 한다. 그리고 아주 작은 변화부터 찾아보는 거다. 진심으로 미안하다고 말한 적이 없었는데 이제 어떤 순간에는, 사랑하는 사람에게는 진심으로 미안한 감정을 표현할 수 있게 되었을 수도 있다. 나의 무능함을 수용하고 인정하기 어려워 감추기에 바빴는데, 이제 어떤 상황에서는 부끄럽지만 '나는 모른다'고 말할 수도 있다. 겸손한 자세로 다가갈 때 더 자연스럽고 더 좋은 관계가 되었던 경험을 떠올리면서 좀 더 자주 겸손해질 수도 있다.

아이를 방치하며 자기관리에 몰두했던 시간을 벗어나 지금은 때로 아이에게 잘 몰입하고 즐기고 있다면 그런 변화를 격려해도 좋다. 그저 '아이에게 미안해서 어쩌나'로 끝나는 것이 아니라, 새로운 시도를 해보고 새롭게 느낀 즐거움이 무엇인지, 동시에 여전히 힘든 것이 무엇인지를 잘 살펴보는 것이다. '난 아이를 키울 체질이 아니야!'로 외면하는 것과 '나는 신체적으로 지칠 때 아이에게 짜증을 내는구나'라고 알아차리는 것은 다르다. 전자는 나는 변할 수 없다는 확고한 생각으로 환경의 탓을 할 수밖에 없지만, 후자의 경우는 아이에게 짜증을 내는 순간을 피하거나 줄일 수 있다.

나도 보살피면서 아이와 가족, 그리고 다른 사람들도 보호할 수 있는 방법을 찾는 것이다. 이를 통해 긍정적인 경험을 늘리는 것은 꾸준한 변화에 큰 힘이 된다. 함께 하는 시간이 주는 행복감을 느껴보고, 좀더 자주 의도적으로 아이를 위한 시간을 마련할 수도 있다.

나 자신과의 관계에서도 마찬가지다. 무언가를 꼭 완벽하게 하려고 애쓰면서 스스로를 괴롭히고 있다면, 그리고 그 화가 결국은 주변사람들에게 영향을 미치게 된다면 일단 멈추자. 거창하게 세웠던 계획, 그럴듯해 보이려고 시간과 돈을 투자했던 것들이 내게 어떤 의미가 있는지 생각해보는 것이다.

완벽하려고 지금 아무것도 시작하지 못한 채 무기력하게 불평과 불만만 늘어놓고 있다면 일단 시작해보자. 일주일에 2권씩 책을 보기로 했는데 지키지 못해 우울하다면 좀더 가벼운 책부터 지킬 수 있는 계획으로 목표를 줄이는 것이다. '출퇴근길에 책을 보자' 정도로 힘을 뺀 계획을 세우고 실천하는 나를 지지해주는 것이 거창한 계획 앞에서 투덜이가 되어 시간을 허비하는 것보다 낫다.

'저 사람이 나를 싫어하는 건가? 무시하는 건가?'라고 생각하며 밤잠을 설치고 보복하고 싶은 생각에 날을 세우지 말고, 그냥 힘을 빼고 물어보자. 어제 한 내 말에 상처를 받았는지, 혹은 그날 그 자리에 당신이 안 와서 서운했는데 혹시 무슨 일이 있었냐고 말이다.

작은 변화, 작은 성취감을 알아차리고 격려하고 되새기면서 자존감은 조금씩 자라고 삶에 대한 애착과 책임감도 생겨날 수 있다.

건강한 자기사랑 훈련:
안정된 자기를 유지하며 사는 법

때론 고독을 즐길 줄 알고 누군가를 믿고 의존할 수 있으며 슬픔을 느끼고 애도하는 것.
나의 약점마저 그대로 수용하는 모든 과정이 건강한 자기사랑 훈련이 된다.

겉으로는 자신의 중요성을 과대포장하고 존경받기 위해 노력하지만, 그만큼 자기에 대한 취약함으로 사소한 좌절에도 흔들리는 사람들이 바로 나르시시스트들이다. 그로 인한 좌절은 우울과 불안, 피해망상 등으로 이어져 자기자신뿐만 아니라 상대방도 고통스럽게 만든다.

따라서 자기애적인 사람들 역시 자기사랑 훈련이 필요하다. 여기서 중요한 것은 '건강한' 자기사랑이라는 점이다. 건강한 자기사랑법을 모르고서는 안정된 자기를 유지하며 살기는 생각보다 어렵다.

누군가 나를 사랑하고 있어야만, 그것을 확인할 수 있어야만 안심이 되는가? 나의 불안이 너무나 크면 상대를 도구로 여기기도 쉬워진다. 불안에 휩싸여 결과적으로 상대에게 상처가 될 수 있는지 없는지는 생각하지 못한 채 일단 그를 곁에 두려고 애쓴다. 집착하고 요구한다. 그리고 시간이 지나 불안이 잦아들고 상대에 대한 마음이 시들해지면 떠나버린다. 어쩌면 자존감이 낮은 자기애자들은 외로움을 견디지 못해 누군가에게 상처를 주게 되는지도 모르겠다.

그렇다면 외로움, 인간이라면 누구나 마주하게 되는 삶의 고독과 기꺼이 마주하는 경험을 해보면 좋겠다. 나에 대한 몰두로 겸손해지지 못할 때, 그 에너지를 나의 일이나 취미생활에 쏟아보자. 고독한 시간을 나에 대한 성찰의 기회로 삼는다면 반드시 그에 대한 결실을 얻게 될 것이다.

어쩌면 모든 해답은 내 안에 있는지도 모른다. 자기를 사랑하는 마음, 건강한 자기사랑의 메시지 역시 다 내 마음속에 있다. 그저 알아차리지 못했을 뿐이다. 오로지 혼자인 시간 동안 우리는 그 보석들을 마주할 수 있다. 얼마나 귀한 시간인가.

》 의존, 나의 거울이 되어줄 수 있는
대상은 누구인가?

자존감이 낮은 사람들은 남의 반응에 상처를 잘 받고 자존심을 세우기 위해 애를 쓴다. 그 모습의 하나로 누군가에게 어떤 요구도 하지 않으려는 것을 들 수 있다. 지나치게 요구하는 것도 자기중심적인 자기애자의 모습일 수 있지만, 요구하지 못하고 혼자다 안고 가려는 것도 완벽한 자기모습에 도취된 자기애자의 모습일 수 있다. 즉 자존심이 상할까봐 거절의 말을 듣고 상처받기 싫은 마음에 더욱더 고립되고 독립적인 척 가장한다. 그러나 마음은 늘 허전하고 삶은 버겁다.

가면을 벗고 솔직한 나로 성장하고 싶다면 먼저 '나도 누군가에게 의존하고 싶다'는 것을 인정해라. 나도 남들처럼 부족한 인간일 뿐이다. 때론 너무 창피하고 때론 뭐가 뭔지 알 수 없어 막막하며 스스로의 무능함에 좌절할 때, 나를 일으켜 세워줄 사람이 필요하다. 아무리 찾아도 내 안의 보석을 찾기 힘들 때, '괜찮다' '멋지다'라고 말해줄 사람이 필요하다.

나의 거울이 되어줄 사람을 찾고 의지하는 것은 나약함을 인정하지 않고, 교묘하게 주변사람들을 이용하는 것과는 다르다. 지금 내 곁에서 심리적 엄마가 되어줄 수 있는 사람은 누구인가?

» 애도, 슬픔을 느끼고
떠나보내라

슬픔은 인간을 변화시키는 강력한 감정이다. 우리는 살아가는 동안 많은 것들을 잃는다. 사랑하는 사람을 잃기도 하고 나의 젊음과 재능을 잃기도 한다.

자기애적 성격의 사람들의 상실은 어떠한가? 어린 시절 과잉보호 속에서 좌절을 경험하지 못했다면, 스스로 사용할 수 있는 손발의 기능을 잃은 것이나 마찬가지다.

과잉보호는 부모의 불안의 산물이지 사랑이 아니다. 그런 면에서는 애초에 사랑의 기회도 잃었다. 반대로 열악한 상황에서 보잘 것 없는 존재임을 확인해야 했다면, 그는 안전한 환경을 잃고 돌봄의 대상을 잃었다. 인간이라면 누구나 세상에서 보호받고 사랑받아야 할 권리가 있다. 그런 면에서 세상의 환영을 받지 못한 아기들의 박탈감은 엄청난 것이다. 이 모든 것을 충분히 슬퍼할 수 있을 때 떠나보내고 새로운 삶으로 나아갈 수 있다.

슬픔은 때로 분노와 불안으로 변질되어 드러난다. 그러나 가만히 들여다 보면 공허한 마음속에 큰 슬픔이 들어차 있는지도 모른다. 그리고 이제 그것을 떠나보내야 한다. 슬픔을 느끼고 떠나보내는 과정 역시 누군가의 도움이 필요할 수 있다. 상담자의 도움을 받을 수도 있고, 가까운 친구나 가족이 애도과정을 함께 해줄 수도 있을 것이다.

'당신이 나한테 어떻게 그럴 수가 있어?'라고 말하는 것보다 '내가 혼자 남겨진 것 같아서 외롭고 쓸쓸했어'라고 말하는 것에 우리는 더 잘 공감할 수 있다. 진심으로 곁에서 귀를 기울일 수도 있으며, 당신 안에 존재하는 공허함에 대해 함께 이야기해볼 수도 있다.

》 사랑, 용기를 내고
   자유롭게 사람을 만나라

실존주의 심리학자 롤로 메이(Rollo May)는 "용기란 인간이 자유를 찾으려고 할 때 일어나는 불안에 대처하는 능력"이라고 말한다.[25] 관계에서 자기를 점검하느라 늘 불안한 자기애자들은 용기를 내야 한다. 가면을 쓰거나 상대방을 이용하지 않고, 관계에서 끊임없이 나를 찾느라 불필요한 에너지를 소모하지 말고 관심의 초점을 상대방에게 두는 것이다. 이것은 상대방이 나를 어떻게 보는지 눈치를 보는 것과는 다르다. 누군가를 만났다면 온전히 그를 위한 시간을 갖고 내 안에 누군가를 향한 호감을 마음껏 발휘해보는 것이다.

욕구는 보편적이다. 사랑받고 싶은 마음이 있는 만큼 누군가를 사랑하는 것, 베푸는 것 역시 모든 인간이 추구하는 보편적인 가치이며, 그로 인해 우리는 행복할 수 있다. 이를 위한 몇 가지 방법을 소개해보겠다.

첫째, 어떤 사람이건 간에 일단 존중하는 마음을 갖는다. 쉬운 일 같지만 우리는 시시때때로 만나는 사람들에 대해 평가의 잣대를 들이대고 있다. 즉 사람으로서 존중하기 이전에 그의 가치를 따지려고 든다. 이는 매우 교만한 태도일 뿐만 아니라 소중한 사람을 잃거나 반대로 나에게 해를 끼치는 사람에게 이용당할 수도 있다. 그럴듯해보이는 가치를 따르다 보면 상대방의 나쁜 의도를 알아차리기 어려울 수 있기 때문이다. 따라서 의도적으로 내 기준으로 판단하지 않으려는 자세를 취하는 것이 중요하다. 겉모습과 상관없이, 그의 경제력과 지위와는 상관없는 그 무엇을 알아차릴 수 있어야 한다. 판단을 내려놓고, 편견에서 벗어나 대화할 수 있다면 깊이 있는 접촉이 가능해진다.

둘째, 대화할 때 분노나 불안으로 인해 괴로워진다면 잠시 멈추고 양해를 구해라. 마음을 진정시키고 생각을 정리할 시간이 필요하다. 호흡을 가다듬은 후 내 생각에 거리를 두고 합리적인지 점검해보자. 생각을 정리하면서 내 감정이 변화하는 것을 느낄 수도 있다. 그리고 감정이 가라앉은 후에 다시 만나 이야기를 시작하면 된다. 나를 사랑하는 사람이라면 기다려줄 수 있다. 또 내가 사랑하는 사람을 보호하기 위해 기꺼이 멈추고 시간을 들일 수 있다. 나아가 때로는 상대를 위한 배려의 시간을 만드는 일, 베푸는 행동들을 의도적으로 해도 좋다. 그때 돌아오는 반응이나 서로가 느끼는 기쁜 마음들을 충분히 즐긴다면, 어느 순간에는 애쓰지 않아도 상대를 돌볼 힘이 생긴다.

셋째, 다른 누군가를 위해 살아보는 것이다. 자기에 대한 관심이 많고 상대적으로 누군가를 돌보는 것이 어려운 자기애자들은 의도적으로 남을 위한 삶에 주의를 둘 필요가 있다. 따라서 결혼을 하는 일, 아이를 낳고 키우는 과정은 이들에게 커다란 도전이 되며, 그만큼 성장의 기회가 되기도 할 것이다. 꼭 결혼하고 아이를 낳는 것이 아니어도 괜찮다. 누군가와 함께 삶을 공유한다는 것에 대해 좀더 진지하게 생각해볼 필요가 있다. 내 욕구를 내려놓고 상대에게 맞추어줄 때 얻을 수 있는 기쁨이 생각보다 크다는 것을 경험해볼 수 있다. 관심을 두고 찾는다면 내가 도와줄 수 있는 사람은 아주 많다.

그 중에서도 아이를 키우는 문제는 더 복잡하고 어렵다. 아이가 한참 거울을 보며 자기중심적인 환경에 도취될 나이에 자기애적인 부모는 질투가 생기고 경쟁하게 될지도 모른다. 그 순간

정신을 차려보자. 당신은 어른이고 아이의 어머니 혹은 아버지다. 아이를 잘 보호하고 성장시켜 독립할 때까지 보살필 의무를 갖고 있다. 그리고 아이는 아직 어리다.

하인즈 코헛(Heinz Kohut)이 말한 '최적의 좌절'이 자기애적 부모에게는 더욱더 어려울 수 있다. 시기와 질투, 내 마음대로 안 되는 상황에서 화가 나는 것 등 강렬한 감정을 그대로 아이에게 표현할 수 있기 때문이다. 혹은 보살피는 기능이 어렵다며 자기 역할을 내동댕이쳐버릴 때 아이는 부모가 없는, 감당하기 힘든 큰 좌절에 맞닥뜨리게 된다.

생각해보면 부모가 된다는 것은 큰 축복이다. 아이들은 부모를 판단하기 이전에 생존을 위해 매달리고 사랑한다. 우리는 그 나약한 존재를 통해 내 모습을 보게 되고, 아이가 사랑받고 성장하는 모습을 통해 나 역시 새롭게 성장하기도 한다.

평생 나만 바라보고 나만 바라봐주기를 바랐던 자기애자라면, 누군가를 위해 헌신한다는 새로운 경험을 통해 새로운 깨달음을 얻을 수도 있다. 여기서 중요한 것은 헌신은 무언가를 바라고 하는 행동이 아니라는 것이다. 헌신은 요구하지 않고 어떤 기대를 갖지도 않는다. 그저 그 자체로 소중하며 가치롭다. 찰스 디킨스의 소설, 『크리스마스 캐롤』에서 스크루지 영감이 남을 돕고 나누면서 비로소 삶의 의미를 찾는 것처럼 말이다.

》 고맙다고, 사랑한다고
   말해보자

이전과 다르게 상대방에게 진심으로 고맙고 사랑하는 마음을 갖게 된다는 것은 비로소 마음을 열었다는 증거다. 자기애적인 사람들은 고맙다는 말에 인색하다. 내가 완벽하게 해내야 한다는 자기능력에 대한 과대평가 때문이기도 하고, 어떤 관계에서건 우위를 차지해야 한다는 경쟁의식 때문이기도 하다. 받는 것은 당연하고 주는 것에는 곧잘 생색을 낸다.

생각해보자. 내가 유독 고맙다는 표현이나 사랑한다는 말을 주저하고 있는지. 닭살 돋는 말이라 피한다고 하지만 때로 그 말 한마디가 절실한 관계도 있다.

말하지 않으면 상대방은 알 수 없다. 마음을 갖는 것은 내 것이고, 그것을 표현해야 상대방과 공유할 수 있는 것이다. 이제 고맙다고, 사랑한다고 직접 말해보자. 말하면서 우리는 상대방에 대해 더 고마워질 수도 있고, 그 빛나는 가치에 상대적으로 작아지는 나를 그저 인정하게 될 수도 있다. 내가 이 세상을 이만큼 살아갈 수 있는 것은 수많은 고마운 사람들과 사랑하는 순간들 덕분이라는 것을 기억해야 한다. 그리고 보통은 말을 할 때 더 잘 기억할 수 있다.

우리는 모두 어떤 문제를 안고 살아간다. 어쩌면 자기애적 성향도 그 중 하나다. 그것이 타인에게, 사회에서 악영향을 끼칠 수 있어 더 조심하고 더 경계해야 한다 할지라도 말이다. 그럼에도 불구하고 언제나 희망은 있다. 아니, 희망을 찾아야만 한다.

무수한 경쟁 속에서, 애정결핍과 큰 좌절 속에서 공허해진 나르시시스트들을 좀더 따뜻한 시선으로 바라볼 수 있다면 어떨까? 때로 자기애적 성향으로 홀로된 자기자신을 좀더 공감해주면 어떨까? 이 모든 것이 좋은 변화를 위한 출발이라고 한다면, 어쩌면 더 마음을 열고 서로를 용서할 수 있을지도 모르겠다. 용서할 수 있다면 변할 수도 있으며, 그 변화는 나의 운명을, 우리모두의 삶을 바꾸어놓을지도 모른다.

나를 내려놓게 해주는
책과 영화, 그리고 음악

『힘 빼기의 기술』〈마더워터〉〈작은 마음〉 등의 작품들은 자기 안에 갇혀 혹은 가면을 쓴 채
빡빡한 삶을 살아가는 이들에게 말을 건넨다. 잠시 멈추어 행복을 느껴보자고 말이다.

성격을 변화시키는 것은 쉽지 않아서 많은 노력들은 작심삼일로
그치게 될 확률이 높다. 그러나 작심삼일도 삼일마다 한다면 대
단한 변화를 이룬다고 하지 않던가. 자주 결심할 수 있게 누군가
의 도움이 필요할 수도 있다.

어쩌면 책이나 영화의 도움을 받을 수 있지 않을까? 경쟁에서
벗어나 삶의 소소한 행복에서 가치를 깨닫는 것, 관계 안에서 서
로 의지하며 얻는 행복을 경험하게 되는 것, 자기 안에 갇혀 빡빡
한 삶을 살아가는 자기애적 성향의 사람들에게 필요한 마음자세
를 알려주는 책과 영화, 그리고 음악을 한 편씩 소개해보겠다.

» 추천도서:

『힘 빼기의 기술』

〈힘 빼기의 기술〉 저자: 김하나 출판사: 시공사

우연한 기회에 알게 된『힘 빼기의 기술』은 제목처럼 가벼운 에세이집이다. 카피라이터이자 작가인 김하나씨의 힘을 뺀 삶의 이야기들은 우선 재미있다. 별 것 아닌 이야기도 이렇게 재미있을 수 있다니! 역시나 힘을 좀 주고 쓴 것은 아닌가 의심이 들 정도다. 어쩌면 그래서 더 매력적이다.

거창하게 '너희들 그렇게 힘주고 살면 안 돼, 힘을 빼렴'이라고 말하는 것이 아니기 때문이다. 다 같이 힘주고 있는 그 상황을 묘사하며 인정한다. 그리고 힘을 뺀 모습을 그저 보여준다.

작가는 임무를 다하기 위해 때론 힘을 주며 자신의 기억들을 정리하고 깨달음을 전해준다. 그럼에도 불구하고 글이 지나가는 모양새가 물 흐르듯 자연스러운 걸 보니 역시 힘을 뺀 것 같아 존경스럽다. 이렇게 써야 이런 맛이 나는데 싶어 질투도 난다. 문득 〈질투는 나의 힘〉이란 영화 제목(기형도의 시 제목이기도 하다.)이 떠오른다. 그래서 질투가 많으면 힘을 너무 많이 주게 되고, 그래서 자연스러운 맛이 없나 싶다.

"나는 완주와 기록에 의의를 두기보다는 삶을 선물로 여기게 만드는 순간들을 더 천천히 들여다보고 싶다."[26]

힘을 다해 완주하려고 하는 인생이 과연 어떤 의미가 있을까? 성취를 통해 나 이렇게 잘난 사람이라고 아무리 외쳐보아야 아무도 공감해주지 않고 점점 더 고립되는 삶에 어떤 보람이 있겠는가. 내가 어떤 사람으로 보일지 전전긍긍 불안해하며 사랑받고자 애쓰는 행위들이 내게 어떤 기쁨을 주었는가. 그저 있는 그대로 보여주고 또 바라볼 수 있을 때 기대치 않은 선물을 받게 된 경험은 없었는가?

작가는 관계 속에서 터득하는 삶의 지혜를 하나하나 소개한다. 우연히 키우게 된 고양이가 그녀의 삶을 어떻게 변화시켰는지, 싸우고 화해하며 관계를 길게 이어나가는 친구가 얼마나 의지가 되었는지, 낯선 여행지에서 낯선 이에게 받은 도움이 얼마나 고맙던지, 그저 음악일 뿐인데도 함께 들으며 얼마나 가슴이 벅차오르던지를. 그 모든 기억들이 선물처럼 그녀에게 남아 힘이 되는 것 같았다. 질투로 온몸에 힘을 주고 철통방어를 하고 있는 것이 아니라 점점 힘이 풀리면서 삶을 지탱하게 되는 그물 같은 지지대 말이다.

> "꿈은 꼭 그렇게 거창해야만 하는 걸까? '가만히 파도와 푸른 잎사귀와 고양이를 바라보며 맥주를 마시는 것'을 꿈꾸면 안 되는 걸까? … 이런 꿈을 실현하기 위해선 힘을 내기보단 힘을 빼야 한다."[27]

작가가 쓴 꿈의 장면을 그려보자니 그럴듯하다. 잠시 행복감이 밀려들기도 한다. 고등학교 때인가? 자정이 넘어 시작하는 라디오 프로그램에서 〈봉우리〉란 노래를 듣고 울었던 기억이 난다. 가수 김민기씨의 목소리였나보다. 봉우리에 오르기 위해 "조금만 더!"라며 힘을 내던 내레이션은 "우리가 오를 봉우리는 바로 여긴지도 몰라"란 말과 함께 쓸쓸하게 사라진다. "그렇게 힘 주어 오른 곳은 그저 하나의 고갯마루였을 뿐"이란 가사에서 기운이 쭉 빠지고 허탈해졌던 기억이 난다. 아마 그 당시 대학 입시를 위해 펜을 움켜쥐고 힘을 내고 있었던 시기라 더 눈물이 났었나 싶다.

어떤 성취를 위해 목표를 세우고 노력을 해보는 건 그 자체로 의미가 있다. 그러나 반드시 그것만이 최선인 것처럼 목을 맬 필요는 없다. 꿈을 꾸는 것은 삶을 좀더 의미 있고 행복하게 해주는 자극이 될 수는 있지만 그것 자체가 무거운 짐이 되어서는 곤란하다. 힘을 주고 화려한 삶을 동경하다 보면 화려하지 않은 일상들은 그저 하찮은 것으로 치부되기 쉽다. 그래서 더 거만해지고 공감할 수 없게 되며 관계 따위는 중요하지 않은 것처럼 피하고 싶어질지도 모른다.

결국『힘 빼기의 기술』은 더불어 사는 삶의 중요성을 말하려는 책 같다. 힘을 빼면 다른 누군가가 내 안에 들어올 수 있는 기회가 많아져 그만큼 삶은 더 풍성해질 거라고 말한다. 자기몰두에 빠져 고립될 위기에 처해 있다면 이 책을 읽어보자. 따뜻하게 나를 안고 나와 바닷가에 마주 앉아 도란도란 들려주는 이야기에 귀를 기울여보자.

비슷한 책

고레에다 히로카즈 감독이 쓴 에세이『걷는 듯 천천히』

〈마더 워터〉 주연: 고바야시 사토미, 코이즈미 쿄코 감독: 마츠모토 카나 제작사: 파라다이스 카페

한 편의 영화를 여러 번 볼 수 있다는 건 그만큼 매력적인 작품이란 의미일 거다. 마츠모토 카나 감독의 2010년 작 〈마더 워터〉는 매우 느리고 눈에 띄는 화려한 장면도 없이 심지어 내용조차 밋밋하지만 묘한 매력이 있다. 그저 편안히 혼자만의 시간을 즐기고 싶을 때, 울적한 날 행복한 기분을 느끼고 싶을 때, 나는 이 영화를 틀어둔다. 매번 집중해서 보지는 않더라도 일단 틀어두면 끝까지 보게 되고 그렇게 5번은 본 것 같다.

어쩌면 치열한 삶에 지친 사람들에게, 특별한 삶에 집착하며 현재가 늘 못마땅한 자기애적인 사람들에게 이 영화를 추천한다. 지극히 평범한 삶 속에서 행복감을 느낄 수 있는 이 영화를 말이다. 운이 좋다면 영화 속에 등장하는 캐릭터에게 반해 그들과 비슷한 삶을 살아보자고 마음먹게 될지도 모른다. 운이 좋다는 건 그들의 삶이 자기애자의 그것과는 완전히 다르기 때문이다. 새로운 시각으로 삶을 바라보게 된다면 성격이 조금 변하게 될지도 모를 일이다.

〈마더 워터〉의 배경은 일본 교토의 작은 마을이다. 수채화 같은 배경 사이로 동네사람들이 한 명씩 등장한다. 위스키 바를 운영하는 세츠코, 카페를 운영하는 타카코, 두부가게를 운영하는 하츠미, 그리고 온 동네를 다니며 모르는 사람이 없는 마코토 할머니, 오래된 목욕탕을 운영하는 남자 오토메와 그의 아들 진, 세츠코가 운영하는 바의 단골손님 야마노하까지. 영화는 마치 사진을 찍듯 동네사람들의 특징을 천천히 담아내고 있다. 아주 천천히 조금씩.

그들은 누군가에 대해서는 과거를 언급하고 누군가에 대해서는 끝까지 비밀로 감춘 채 따로 또 같이 일상을 살아간다. 이들의 삶은 얼핏 보면 매우 단순해보이지만 표정과 눈빛을 보고 그들의 대화를 들어보면 삶에 대한 철학이 엿보인다.

"조금 천천히 살아도, 매일 똑같아도 지금 이대로 괜찮아."

특별한 사건이 벌어지거나 나 자신이 특별한 성취를 이루고 특별한 사람이 되지 않더라도 그저 이대로 괜찮다는 것. 그 어떤 자신감에 찬 한마디보다 더 힘 있고 안정감이 느껴진다.

이 영화에서 가장 연륜이 느껴지는 세츠코와 마코토 할머니는 무언가를 초월한 사람처럼 말한다. 너무 많은 고민으로 스스로를 옭아매지 말라고. 생각해보면 고민은 그 실체가 있는 것이 아니라 내가 만들어낸 공상일 뿐이다. 고민이 많고 적음은 내가 어떻게 생각하느냐에 따라 정해지는지도 모른다. 세상을 어떻게 바라볼 것인가? 세상과 어떻게 소통할 것인가? 남들과 비교하며 더 멋진 나를 위해, 더 큰 성공을 위해 달려갈 것인가? 멈추고 바라보며 온전히 이 순간의 행복을 내 것으로 만들 것인가?

어쩌면 다소 거창한 메시지를 담고 있는 이 영화의 또 다른 매력은 '관계'의 시작에 관한 장면들이다. 스치듯 만난 동네사람들과 연결되는 과정과 관계를 통해 더 큰 기쁨을 느끼게 되는 사람들을 바라보며 만남과 이별에 대해 생각하게 된다. 우연한 만남이 오랫동안 유지되는 비법은 애쓰지 않는 태도에 있지 않을까?

영화 초반에 세츠코의 위스키 바에서 야마노하가 의자에 앉으려다 오래된 의자가 부서진다. "오래 되었지만 참 좋은 의자야"라며 서로 의자의 좋은 점을 칭찬했다가 "저 의자의 역사를 부쉈어"란 말에 "너무 거창하네요"라고 맞받아치며 함께 웃고 힘을 빼는 대화가 인상적이다.

소중하게 여기지만 너무 힘을 주지 않아도 되는 것. 각자의 삶에 최선을 다한 채로 서로에게 조금씩 기대어 살아갈 수 있다면 어떨까? 가볍지만 결코 가볍지 않은 관계들이 서로의 삶에 활력을 주는 것 같다. 영화는 그 가벼움의 무게를 소박하지만 진지하게 다룬다.

더불어 만남 이전에 이들 각자의 일상, 무언가를 먹는 것이나 목욕을 하고 걸어가는 행위 등이 그 자체로 빛난다. 두부를 만드는 과정과 따끈한 두부를 가게 앞에서 바로 먹을 수 있는 사람들의 여유. 손님이라곤 한두 명뿐인 카페에서 핸드드립 커피를 내리고 서비스도 주는 주인장의 여유.

우연히 가까워진 두부가게 주인을 집에 초대한 카페 주인은 소박한 상차림에 화이트와인을 한 병 올리며 말한다. "오늘은 좋은 날이니까"라고. 그렇게 기분 좋은 말을 건넬 수 있는, 그 모든 여유들이 영화 바깥에 있는 우리의 마음을 붙잡는다. 잠시만이라도 여유롭게 영화를 보아달라고. 어쩌면 그래서 그 긴 영화를, 특별한 에피소드 없이 물 흐르듯 지나쳐가는 장면 하나하나를 놓치지 않고 끝까지 보게 되는지도 모르겠다.

영화를 다 보고 나면 잠시 멈추어 내 삶을 돌아보게 된다. '어제 난 왜 그렇게 우울했지?' '못한다고 이야기하면 되지' '만나기 싫다고 말하면 되지' '그냥 한번 해보면 되지!'라는 어떤 배짱이 생긴다. 어차피 한 번 사는 인생인데, 그리고 그 인생의 대부분은 일상의 반복인데, 그걸 그저 좀더 즐기며 살 수는 없을까? 사랑하는 사람은 언젠가는 만나야 한다고 생각하는 사람들 속에서 애를 쓰고 있는 나를 연민을 갖고 바라보게 된다. 나아가 주어진 인연을 좀더 소중하게 생각하게 되고, 그래서 더 사랑하게 될지도 모르겠다.

영화 소개가 조금 거창해진 것 같다. 〈마더 워터〉를 통해 그냥 좀 느리게 살면서도, 특별한 나로 인정받지 않아도 충분히 행복할 수 있다는 걸 알 수 있다면 작심삼일의 시도가 좀더 길어질 수 있을지도 모른다. 일상을 새롭게 바라보면 어제와는 또 다른 오늘이라는 걸 알 수 있을 테니 말이다. 영화 제목인 '마더 워터'는 위스키를 만들 때 베이스가 되는 물을 뜻한다고 한다. 화려하지 않아도 기본에 충실한 삶, 도전해볼 만하다?

> **비슷한 책**
>
> 오기가미 나오코 감독의 2007년 작 〈안경〉〈마더 워터〉에 나오는 등장인물이 그대로 나온다.

》 추천음악:

오지은서영호의 〈작은 마음〉

〈작은 마음〉 아티스트: 오지은서영호 제
작사: 유어썸머 레이블: 유어썸머

힘을 뺀 삶, 느리게 반복하는 삶도 충분히 행복하다는 것을 책과 영화를 통해 알았다면, 비슷한 취지로 만든 음악은 없을까? 비슷한 느낌의 음반이 있다. 오지은서영호의 〈작은 마음〉은 제목부터 소박하다. 쓰고 보니 소박하다는 단어 역시 거창하다. 그래서 더 직접적으로 '작은' 마음인가 싶다.

두 사람이 "딱 이런 음반을 내보고 싶었다"고 하는 인터뷰를 어딘가에서 보았다. 가사도 멜로디도 과하지 않은 노래를 피아노 하나로 담담하게 고백한다. 소심하다고 치부하기엔 그대로도 괜찮은 우리의 작은 마음들을. 사랑하면서 느끼는 기쁨과 아픔을, 헤어지면서 느끼는 슬픔과 미움을 담백하게 전해준다. 아홉 곡의 짧은 곡들이 물 흐르듯 자연스럽게 하나의 음반을 이룬다. 그 중 404(오지은 작사/서영호 작곡) 한 곡을 소개해보겠다.

404

당신은 그 작은 방 안에서

시간을 보내고 있겠죠

밥을 먹고 음악을 듣고

가끔 날 떠올리며

소중하게 바라보던 것들

지리하게 바뀌어가고

눈을 감고 음악을 듣고도

막을 수는 없어요

긴 겨울이 오고

내 손은 차가워도

당신과의 추억

잃어가기만 해요

아름다운 것들을 보면

슬퍼지는 이유는

잠시라도

가질 수 없다는 걸

알게 되었으니까

오렌지 빛 하늘

곱씹는 이야기들

웃는 듯 우는 듯

일그러지던 얼굴

아름다운 것들을 보면

슬퍼지는 이유는

잠시라도 가질 수 없다는 걸

알게 되었으니까

모든 것은 변한다. 더 정확히는 사라진다. 생명이 태어나면 지나가는 하루하루는 죽음을 향해 쇠락하는 시간인 것이다. 어쩌면 이러한 삶의 이치를 받아들이는 것이 우리를 더 겸손하게 하는지도 모르겠다. 죽지 않고 평생을 사는 것이 아니기 때문에 좀더 이 순간에 충실할 필요가 생긴다.

같은 배를 탄 그저 나약한 인간이기 때문에 연민의 시선으로 서로를 좀더 감쌀 수 있다. 전반적인 이별의 운명 안에서 또 다른 작은 만남과 이별들이 있는 것. 그리고 조금 덜 아프게 애도하며 살아가는 것. 그것이 삶의 전부인지도 모른다.

'404'에서는 좋았던 추억이 사라지는 것을 받아들인다. 나를 사랑했지만 지금은 그저 주어진 일상에 적응하고 있을 그를 떠올린다. 그리고 그 자연스러운 변화를 막을 수 없다며 수용한다. 아름답다고 소유할 수 없다는 것을 알고 동시에 슬퍼할 줄도 안다. 추억이 있다면 그것을 애써 기억하지 않아도 괜찮다. 그 순간 충분히 행복했으면 그걸로 충분하다. 우리 각자는 특별한 존재이지만 그 특별함을 군이 드러내지 않아도 괜찮다.

모두 각자 소중하기 때문에 내가 더 사랑받아야 할 이유는 없다. 사랑받아 마땅한 내가 있다면 같은 이유로 존중받고 사랑받아야 할 다른 누군가가 있는 것이다. 우리 모두 비슷한 작은 마음을 갖고 살아가는 인간일 뿐이라는 걸 잊지 말자. 그저 우리에게 주어지고 또 사라지는 가치들에 주의를 기울여 충분히 살아내면 되는 것이다.

〈작은 마음〉은 주로 평온한 아침에 찾아 든다. 단순한 멜로디가 감정을 정화시키는 것 같고 담담한 가사들이 어느 순간 귀에 들어오면 차분하게 하루를 시작하게 된다. 그 어떤 것도 나 혼자만의 힘으로 되는 일은 없고 기댈 곳이 필요하다는 것을 인정하게 된다. 어쩌면 그래서 더 행복할 수 있다는 희망으로 누군가에게 다가갈 용기도 생길까? 분노하며 방어벽을 두껍게 세우지 않고도, 부끄러워 개미굴에 숨어버리지 않고도 사랑하는 나를 보호할 수 있다.

함께 하는 사람들을 믿으면 되고 믿으려면 잘 알면 된다. 나에게서 벗어나 그를 알면 더 편안히 의지할 수 있고, 더 자신감 있게 나약함을 드러내며 살 수 있다. 사랑의 과정이자 삶의 지혜이며 그 자체로 삶의 의미가 되는지도 모른다. 너무 거창한가? 그냥 하루하루 충실히 살아보는 것, 좀더 애정을 갖고 너와 나를 바라보는 것, 그게 전부다.

> **비슷한 책**
>
> 〈Beyond The Missouri Sky〉, 찰리 헤이든(Charlie Haden)의 콘트라베이스와 팻 매스니(Pat Methney)의 어쿠스틱 기타가 함께 어우러져 하나의 멋진 이야기를 만들어내는 음반. 비슷한 듯 아주 다른 두 악기가 조화를 이루며 아름다운 음악을 만들어내는 것처럼 사람들 관계에서도 특별하지만 특별하지 않은 것을 인정할 때 더 아름다울 수 있지 않을까?

모두 각자 소중하기 때문에
내가 더 사랑받아야 할 이유는 없다.
사랑받아 마땅한 내가 있다면
같은 이유로 존중받고 사랑받아야 할
다른 누군가가 있는 것이다.

성격은 쉽게 변하지 않는다. 그래서 때로는 나를 알아가는 것이 심리치료의 전부가 되기도 한다. 이때 이론이 뒷받침된다면 더 깊이 있는 이해가 가능할 것이다. 이번 PART에서는 자기애적 성격을 분석하고 정리한 심리치료 이론을 소개한다. 먼저 정신장애 진단체계에서 말하는 '자기애성 성격장애'를 소개하고 외현적인 자기애와 내현적인 자기애의 차이를 따로 정리했다. 이어 주된 심리치료 이론에서 각각 다른 관점으로 설명하는 자기애성 성격의 배경을 요약했다. 나아가 자기애성 성격이 영향을 줄 수 있는 또 다른 마음의 병을 소개한다. 이론적인 내용에 흥미가 없다면 굳이 읽어보지 않아도 좋다. 그럼에도 불구하고 좀더 전문적인 이해를 원한다면 참고가 될 수 있겠다.

PART 4

자기사랑을 위해 나르시시즘에 대한
전문적인 이해가 필요하다

자기애성 성격장애란
무엇인가?

성인이 되어서도 어린아이처럼 자기가 세상의 전부라고 생각하는,
미숙한 상태에 머물러 있는 사람들을 '나르시시스트'라고 부른다.

초등학교 2학년인 A는 또래 아이들에 비해 사회성 발달이 느렸
다. 형제 없이 자라 관계에서 좌절을 통해 배우는 공감능력과 그
것을 견디며 성장하는 힘을 기를 기회가 부족했다. 외로운 조부
모는 아이를 애지중지했으며 맞벌이하며 지친 부모 역시 각자
애틋한 마음으로 아이를 돌보았다. 기질적으로 예민했으며 부모
의 잦은 갈등으로 다소 불안정했던 아이는 누군가 자신을 주목
하고 칭찬해줄 때 비로소 안심이 되었다. 또래에 비해 지적수준
이 높았고 그림도 잘 그렸다. 사람들은 그의 재능에 깜짝 놀라 칭
찬을 아끼지 않았다.

그러나 계속해서 자신을 봐달라고 떼쓰고 확인받고자 하는 태도에 주변사람들은 금세 지쳤다. 모습은 아홉 살 어린이인데, 하는 행동은 네 살 아기와 같았다. 당연히 또래 친구들은 그를 기다려주지 않았다. 지치면 떠나고, 재미없으면 시시하다고 표현했다. 그렇게 좌절한 아이는 버틸 힘이 없어 우울해졌다.

미국정신의학회(APA; American Psychiatric Association)에서 발간한 『정신질환의 진단 및 통계 편람-제5판(Diagnostic and Statistical Manual of Mental Disorders Fifth Edition: DSM-5)』에서는 자기애성 성격장애(Narcissistic Personality Disorder)의 진단기준을 아래와 같이 제시하고 있다.

자기애성 성격장애 진단기준

과대성에 대한 집착(공상 혹은 행동적 측면), 존경심 요구, 공감능력 결여 등 광범위한 행동 양상이 성인기 초기에 시작되어 다양한 상황에서 나타난다. 다음의 9가지 특징 중 5가지(또는 그 이상)에 해당되면 자기애성 성격장애로 진단된다.

1. 스스로 중요한 사람이라는 웅장한 자기감각을 지닌다(예: 성취와 재능을 과장하거나 특별한 성과 없이 자신의 우수성을 인정받고자 하는 것 등).
2. 끝없는 성공, 권력, 뛰어남, 아름다움 혹은 이상적인 사랑 등에 대한 환상에 사로잡혀 있다.
3. 스스로 '특별'하고 독특해서, 다른 특별하거나 지위가 높은 사람들(혹은 그러한 기관)만 자신을 이해할 수 있고, 그들과 연관되어야 한다고 믿는다.
4. 과도한 존경과 찬사를 요구한다.
5. 특권 의식(특별히 자신에게는 우호적일 것이라는 혹은 자신의 기대에 부응하는 칭찬이 돌아올 것이라는 비합리적인 생각)을 갖고 있다.

6. 대인관계에서 착취적이다(즉, 자신만의 성취를 위해 다른 사람들의 장점을 취한다).
7. 공감능력이 결여되어 있다. 다른 사람들의 감정이나 욕구를 인지하려 하지 않는다.
8. 종종 다른 사람을 시기하거나 다른 사람들이 자신을 부러워한다고 믿는다.
9. 거만하고 오만한 행동이나 태도를 보인다.

» 나르시시스트라
   불리는 사람들

어느 날 아이는 바닷가에 놀러 갔다가 풍경을 그리기 시작했다. 여느 때처럼 세밀하게 배를 묘사하고 색칠도 꼼꼼하게 알맞은 색깔로 칠했다. 엄마의 칭찬에 으쓱해진 아이는 이제 곧 완성하게 될 그림을 떠올리며 설레기도 했다. 그런데 문제는 하늘색과 바다색이 마음처럼 칠해지지 않았던 것이다. 하늘은 좀더 연하게, 바다는 좀더 진하게 칠해 차별을 두고 싶었는데 컴퓨터로 그린 그림은 웬일인지 마음대로 잘되지 않았다. 하늘과 바다를 구분할 수 없게 되자 아이는 짜증이 나서 어쩔 줄을 몰랐다.

아이의 부모는 '또 시작이구나!'란 생각으로 유난한 짜증에 대해 혼을 낼지 아이의 마음대로 될 수 있게 어떻게든 도움을 줄지 잠시 고민했다. 평소 같았으면 성급하게 혼냈을 아빠는 잠이 덜 깬 채로 이불 속에 들어갔고, 나서서 도와줄 엄마는 잠시 다른 생각에 빠져 아이의 상황을 잊었다. 아이는 감당하기 힘든 좌절(아빠의 화를 묵묵히 받아내는 것)에 상처받지 않았고, 좌절이 원천봉쇄된 상황에서 미숙한 상태로 남겨지는 일(엄마의 과잉보호에서 성장의 기회가 차단되는 것)도 피할 수 있었다.

시간이 흐른 뒤 아이는 완성된 그림을 엄마에게 보여주었다. 하늘과 바다는 같은 파란색으로 칠해졌지만 하늘에는 커다란 별과 달이 있어 바다와 구별되었다. 아이는 꽤 만족스러웠고, 그림은 그 어느 때보다 훌륭했다. 엄마를 도구처럼 이용하지 않아도, 주변사람들의 찬사가 없이도 아이는 충분히 괜찮았다. 바쁜 엄마를 이해할 수 있었고 피곤한 아빠를 수용할 수 있었다.

위의 자기애성 성격장애 진단에 속하는 특징들을 잘 살펴보면 어린아이들이 보편적으로 갖고 있는 자기중심적인 성향과 많은 부분 겹친다. 인간 발달에 관한 이론적 해석에 따라 다르고 환경에 따라 그 개인차는 존재하겠지만, 타인을 모르고 세상을 몰랐던 아이들은 자라면서 사람들과 관계를 맺고 환경에 적응하면서 성장한다. 공감능력이 생기고 진심으로 배려하게 되며 피해의식에서 벗어나 자신감 있게 세상을 사랑하게 되는 것이다.

위에 소개한 아이는 또래보다 조금 늦긴 했지만 비교적 어린 시절, 나르시시즘을 극복해나가는 과정을 거치는 중이었다. 그러나 안타깝게도 성인이 되어서도 자기가 세상의 전부라고 생각하며 미숙한 상태에 머물러 있는 사람들이 있다. 자기 안에 머물러 왜곡된 자기사랑으로 세상과 소통하지 못하는 사람들, 그들을 우리는 '나르시시스트'라고 부른다.

외현적 자기애 vs. 내현적 자기애

대놓고 잘난 척하며 허세를 부리는 사람을 '외현적 자기애자'라고 한다면, 겉으로는 수줍어 하지만 마음속으로는 자기도취적인 생각을 갖고 있는 사람을 '내현적 자기애자'라고 한다.

우리는 보통 거만하고 이기적이며 자기중심적인 사람을 '나르시시스트'라고 한다. 그들은 대놓고 잘난 척하며 허세를 부리고, 이기심과 냉정함으로 가까운 사람들에게 상처를 준다. 이러한 자기애를 '외현적 자기애(overt narcissism)'라고 부른다. 반면 겉으로는 소위 '자기애적'인, 잘난 척한다거나 거만하게 구는 모습이 잘 나타나지 않지만 내면에 자기애적인 성격적 역동과 기제를 지니고 있는 경우, 이를 '내현적 자기애(covert narcissism)'라고 말한다.

내현적 자기애의 특성을 갖는 사람들은 다른 사람의 반응에 매우 민감하고 수줍음을 많이 타며, 지나치게 감정을 억제하고 자신이 사람들 눈에 띄거나 자신에게 관심이 집중되는 것을 매우 불편해 한다. 또 주변사람이 혹시 자신을 좋아해주고 있는지, 싫어하는 것은 아닌지 늘 촉각을 곤두세우고 있어 작은 일에도 마음의 상처를 입기 쉽고, 수치심과 굴욕감을 느끼기 쉽다.[28]

겉으로 드러나는 모습만 보면 자신감이 없고 자기를 드러내기 싫어하는 것처럼 보일 수 있다. 그러나 이들의 지나치게 민감한 반응(거절에 대한 반응, 실패에 대한 반응 등)들을 살펴볼 때, 자기에 대해 갖고 있는 비현실적인 기대, 자기도취적인 생각 등을 추측해볼 수 있다. 즉 '나는 거절당해서도 안 되며, 못하는 것이 있어서도 안 되고, 누구도 나를 미워해서는 안 된다'는 생각이 그것이다. 스스로도 뭔가 못날 수 있다는 것을 받아들이지 못해 수치심을 느끼고 우울해진다.

》 대인관계에서 보이는

   자기애적 성격유형의 차이점

대인관계 문제로 상담실을 찾아왔던 A는 우연히 책에서 보았다며, 자신이 '내현적 자기애'인 것 같다고 말했다. 그는 평소 내향적이어서 사람들을 두루 사귀거나 쉽게 친해지지는 못하지만, 늘 좋은 사람으로 보이기 위해 애썼고, 그래서 주변에 친한 사람들도 꽤 많은 편이었다.

문제는 친밀감을 느끼는 데에 한계가 있다는 것이었다. 오랫동안 친하게 지내는 친구에게도 자신의 마음을 속 시원히 털어놓지 못했다. 기분 상하는 일이 있으면 꽁꽁 싸매고 있다가 만만한 여자친구에게 퍼붓기도 했다.

그렇게 참으며 관계를 이어가다 보면 어느 순간 배신감을 느끼고 누군가를 미워하게 되었다. 자신은 기분이 나빠도 참고 괜찮다고 했는데, 상대방은 기분이 나쁘면 나쁘다고 이야기하는 것이 억울했다. 때로 그 분노의 크기가 엄청나서 입 밖으로 꺼내기가 더욱더 어려워지고, 상대방을 피하게 되면서 서서히 관계가 끝나버리기도 했다.

상담에서는 편하다고 느끼는 관계에서도 왜 그토록 부정적인 감정을 표현하는 것이 힘든지를 다루었다. 그 과정에서 그는 내현적 자기애에 관한 글을 보게 되었고, 내면 깊숙한 곳에 있는 자기에 대한 개념, '나는 상처받아도 안 되고 거절당해도 안 되며 밉보여서도 안 된다'란 생각들을 발견하게 된 것이다. 그는 이상화된 자기를 지키기 위해 '아닌 척'하는 연기를 하며 관계를 맺어온 것을 알았다. 주변에 사람이 많은데도 정작 힘들 때 연락할 사람도 없고, 누군가를 만나도 공허하기만 했던 자신을 돌아보며 문제의 실마리를 풀어나갔다.

반면 '외현적 자기애자'의 경우에는 관계에서 오히려 둔감한 것 같다. 본인이 어떻게 비추어지는지, 상대방이 상처를 입거나 불쾌하진 않을지 짐작하지 못한다. 즉 공감능력이 떨어진다. 이들은 스스로 자존감이 높은 사람이라고 말하면서도 타인의 비난이나 거절에 분노한다. 그들의 반응을 이해할 수도 없고 수용할 수도 없다는 것이다.

끊임없이 자신의 성취나 재능·업적 등을 자랑하고 과시하며 이를 칭찬해주고 인정해주는 사람을 찾는다. 그렇지 못한 사람은 나의 위대함을 알아차리지 못한 모자란 사람으로 치부한다. 그들은 실제로 재능이 많고 때론 매력적이지만 그게 전부가 아니라는 것을 모르는 것 같다. 자신은 문제가 없다고 생각하기 때문에 상담실에 스스로 찾아오는 경우도 드물다.

부부문제로 아내에게 끌려온 B는 상담사 앞에서는 매너가 있고 말도 잘해서 꽤 괜찮은 남편으로 보였다. 이렇게 상대방의 마음도 잘 알아주는 사람인데 왜 아내는 불만을 토로할까 궁금하기도 했다.

그런데 시간이 지날수록 B의 본색이 드러났다. 말하는 태도는 매우 부드러웠지만 아내의 말은 모두 무시한 채 자기주장만 반복했다. 결국 남편 입장에서 아내는 이렇게 괜찮은 남편을 몰라 주는 무심한 여자, 혹은 세상에 대해 잘 모르는 무지한 여자가 되어버렸다. 우는 아내를 다독이면서도 이렇게 감정적이라 대화가 잘 안 된다며 답답함을 토로하는 그의 태도는 차가웠다.

이처럼 외현적 자기애자에게 타인은 '자신의 위대함을 알아주는 존재'로 인식된다면, 내현적 자기애자에게 타인은 '나를 좋아해주는 사람'으로 인식된다. 이들은 각자 필요로 하는 대상들을 찾아 자기를 확인받고 자존감을 유지하려 한다.

》 분노를 드러내는 사람들과
불안을 안고 사는 사람들

필자가 앞서 PART 1에서 나르시시즘의 사례를 '분노하는 사람들'과 '불안한 사람들'로 구분한 것은 각각 외현적 자기애와 내현적 자기애로 설명될 수 있다. 세상의 중심이 자기여야만 하며 타인의 이야기는 듣지 않는 자기몰두형 사람들, 거만하게 상대의 무능을 비난하며 자기생각을 정당화하려는 사람들, 피해의식에 휩싸여 상대의 반응에 욱하는 사람들처럼 분노를 강하게 드러내는 사람들은 '외현적인 자기애'의 모습에 가까울 것이다.

분노는 당위에 기반한 감정이다. 즉 '마땅히 ~해야 한다'는 생각이 자리 잡고 있을 때, 자기생각을 강하게 동일시하고 있을 때 우리는 쉽게 분노한다. 따라서 나는 늘 옳다고 생각하며 인정받기를 원하는 외현적 자기애자들은 쉽게 분노하고 상대가 어떻게 생각할지 개의치 않기 때문에 그 분노를 쉽게 표현한다.

반면 관계불안 속에서 수치심을 달고 살며 우울감과 공허감을 잘 느끼는 사람들은 내현적 자기애자에 속할 것이다. 이들은 상대방이 나를 좋아하지 않을까봐 전전긍긍하며 불안해 한다. 관계에 매우 의존적이지만 관계에서의 상호작용에는 취약한, 자기존재를 유지해주고 확인해주는 도구로서 사람을 만나느라 늘 공허할 수밖에 없는 아이러니는 이들이 풀어야 할 숙제가 된다.

상담심리 이론에서 말하는 나르시시즘:
정신역동 이론, 인지행동 이론

초기 프로이트의 정신역동 이론에서는 나르시시즘을 발달과정에서 나타나는 특성으로
이해했으며, 인지행동 이론에서는 자기애자의 핵심신념을 정리하고 있다.

상담 및 심리치료 이론에서는 인간관, 즉 인간을 어떻게 바라보
느냐에 따라, 나아가 문제행동을 어떻게 해석하느냐에 따라 여
러 가지 다른 치료방법을 소개한다. 나르시시즘, 자기애성 성격
장애도 각각의 심리치료 이론에 따라 다른 방식으로 개입하게
되는데 이 책에서는 대표적인 이론 2가지를 다루고자 한다.

첫 번째는 '정신역동적 이론(psychodynamic theory)'으로 프
로이트가 발견한 무의식의 세계를 이해하는 과정에서 나르시
시즘을 설명하는 것이다. 두 번째는 '인지행동 이론(cognitive
behavior theory)'으로, 인간의 인지적인 측면을 이해하고 그것

을 변화시키는 과정에 대해 설명하고 있다.

쉽게 말해 인간이 가진 생각·감정·행동 중 어느 하나만 변해도 전체가 변할 수 있다고 볼 때, 인지치료는 생각을 변화시키려는 것이고, 여기에 행동의 변화까지 포함하면 인지행동치료가 될 것이다. 인지행동 이론에서는 나르시시스트가 갖고 있는 왜곡된 생각들을 찾아내어 그것을 변화시키고자 한다.

》 정신역동 이론, 프로이트의
일차적 나르시시즘과 이차적 나르시시즘

정신분석학의 창시자 프로이트는 나르시시즘을 '발달과정에서 나타나는 특성'으로 보았다. 누구나 어린 시절 어느 시기에 자기애 상태를 경험한다는 것이다. 세상에 갓 태어난 어린아이는 자기자신과 외부세계를 명료하게 구분하지 못한다. 따라서 모든 경험은 신체감각에 의존하게 되어 타인의 입장을 생각할 수가 없다.

세상의 중심은 자신의 육체이며 본능적 욕구를 충족시키기 위한 반응을 하게 된다. 아기는 배가 고프거나 기저귀가 젖으면 운다. 그때마다 부모가 배고픔을 채워주고 기저귀를 갈아주는

경험을 하게 되면서 아기들은 이 세상이 자신을 위해 움직인다
는 느낌을 갖게 된다. 나아가 부모가 자신에게 관심을 집중하고
자신의 행동에 즐거워하는 모습을 통해 스스로 매우 소중하고
대단한 존재라는 생각에 빠지게 된다. 이는 하나의 발달과업으
로서 유아가 경험하는 정상적 상태로 설명된다. 정신역동 이론
에서는 이를 '유아적 자기애(infantile narcissism)' 또는 '일차적
나르시시즘(primary narcissism)'이라고 불렀다.

　이렇게 일차적 자기애의 과정을 거친 후 그 다음 단계로 발
달과업을 이행한 상태가 바로 '이차적 나르시시즘(secondary
narcissism)'의 단계다. 유아는 자신과 외부세계를 점차적으로
구분하게 되면서 부모, 즉 대상의 존재를 인식하게 된다. 이제 자
기자신에게 온전히 집중되었던 에너지가 외부의 대상, 부모에게
로 향하게 되는 것이다. 이 과정에서 부모를 사랑하게 되고 또 부
모나 다른 사람으로부터 사랑받는 상호작용을 경험하게 되면서
또 다른 관점에서 존재가치와 소중함을 느끼게 되는 것이 바로
이차적 자기애다.

　이러한 정상적인 발달단계를 잘 거치게 되면 나뿐만 아니라
타인에게도 관심을 쏟게 되고, 관계에서의 사랑을 근거로 자신
의 가치를 확인하는 성숙한 형태로 발전하게 된다.

　정상적인 발달에서 이차적 자기애는 자존감의 토대가 되며

대상에 대한 사랑과 공존한다. 프로이트에 따르면, 자기애적 성향이 강한 사람들은 성인이 되어서도 사랑의 대상이 계속 자기에게만 머물러 정상적으로 성숙하지 못한 사람들이라고 한다. 즉 어떤 이유에서든 유아기적 자기애 이후의 단계로 더이상 발전해나가지 못하고 그 단계에 고착(fixation)[29]되어 버린 결과, 자기애성 성격장애가 생긴다는 것이다.

프로이트는 자기애성 인격의 사람들이 신경증 환자와는 달리 전이(분석가와의 관계에서 과거의 중요한 대상과의 관계를 재경험하는 것)관계를 확립하지 못한다는 이유로 분석에 적절하지 않다고 믿었다. 반면 후기 프로이트 정신분석가들은 자기애적 전이를 분석할 수 있음을 보여주었으며, 이런 연구는 정신분석의 발달에 있어 매우 중요한 지평을 열어주었다.[30]

» 후기 정신역동 이론가들의
나르시시즘에 관한 입장들

나르시시즘을 분석 가능한 성격으로 이해한 여러 현대 정신분석가들의 입장도 크게 2가지로 구분될 수 있다. 일부 이론가들은 프로이트의 일차적 자기애에 따라 갓 태어난 유아는 아직 대상을 알지 못한다고 생각했다. 프로이트가 자기애를 발달과정상의 특징으로 설명한 것과 같은 맥락이다. 이들은 '대상 없음'을 정상적인 발달단계로 보기 때문에 분석과정에서 나타나는 자기애적 현상들을 비교적 정상적인 것으로 보는 경향이 있다.[31]

앞서 언급한 하인즈 코헛(Heinz Kohut)의 자기심리학이 바로 이러한 견해를 취한다. 정상적인 발달과정을 거치던 유아는 양육자와의 관계에서 갑작스러운 좌절을 경험하거나, 시기에 맞는 욕구가 충족되지 못했을 때(부모가 아이를 비추어주는 거울 역할을 잘하지 못했기 때문에) 병리적 자기애가 형성된 것이라고 주장한다. 이에 코헛은 충분한 공감을 통해, 모자란 양분을 충분히 채워주면서 변화를 유도하고자 했다.

심리치료 과정에서 상담자는 공감을 하려고 애쓰지만 잘되지 않았을 때, 겸손한 태도로 자신의 실수를 인정한다. 즉 공감이 안 되는 나르시시스트를 탓하는 것이 아니라 그들도 공감받아 마땅한 마음이 있다는 것을 인정하고 치료를 시도하는 것이다.

그럼에도 불구하고 나르시시스트를 공감하기란 쉽지 않다. 어쩌면 그들과 접촉하지 못해 겉도는 순간을 마주하게 되거나 분노하게 되는데, 이때 상담자는 공감하는 역할을 해내지 못하고, 공감의 실패를 인정한다. 완벽하고자 하는, 실수를 인정하지 않으려는 자기애적 성향의 사람들은 치료관계에서 공감의 실패를 인정하는 치료자의 모습을 보면서, 스스로의 부족함을 인정하면서도 자존감을 유지하는 태도를 배우게 된다. 나아가 지금 이 순간의 좌절을 함께 버텨내면서 과거의 상처를 재경험하게 되고 변화의 실마리를 찾게 되는 것이다.

반면 갓난아기 때부터 대상이 인식된다고 주장하는 분석가들은 치료의 초점과 태도 역시 다르다. 이들은 자기애적 현상이 공격적이거나 성적인 욕동들의 표현이며, 대상이 자기와 다른, 분리된 것으로 인식하자마자 세운 방어들이라고 간주한다(여기서 욕동(drive)이란, 프로이트 이론의 핵심 개념 중 하나로 정신에 영향을 미치는 내적 자극의 원천을 가리킨다. '성본능', '공격본능'처럼 본능으로 번역되기도 했는데, 그보다 역동적인 의미를 담은 미분화된 욕구(need)라는 측면에서 본능과는 구별된다.).[32]

이 그룹에 속하는 영국의 정신분석가 멜라니 클라인(Melanie Klein)은 프로이트가 개념화한 일차적 자기애 단계, 대상을 인식하지 못하는 단계는 존재하지 않으며, 갓난아기는 출생 즉시 대상을 인식한다고 주장한다. 즉 정상적인 발달과정상에서 나타나는 어떤 '단계'의 문제가 아닌, '상태'의 문제를 논의한 것이다. 이들이 말하는 나르시시즘은 비정상적인 부분으로 잘라내야 하는 것이 된다. 따라서 공감이 아닌 집요한 직면과 해석을 통해 잘못을 깨우치고 변화시키고자 했다. 이 같이 해석한 대표적인 학자가 바로 오토 컨버그(Otto Kernberg)다.

정리하자면, 현대정신분석학에서 자기애의 병인과 치료에 대한 이론들은 크게 2가지 축으로 나뉜다. 코헛이 병리적 자기애를 발달적 관점에서 보았다면, 컨버그는 이를 구조적 관점에서 보았다. 즉 환자는 초기부터 뭔가 잘못되었으며 잘못된 단계를 문제 삼을 것이 아니라 정상성과 비교할 때 질적으로 다른 방어를 사용하고 있다는 것이다.

자기애적인 사람을 식물에 비유한다면, 코헛은 이들을 결정적 시점에 물과 햇빛이 너무 부족해서 성장을 멈춘 나무로 묘사하고, 컨버그는 돌연변이를 일으켜 잡종이 된 나무로 본다고 할 수 있다.[33] 따라서 코헛의 관점에서는 충분한 공감이, 컨버그의 관점에서는 직면과 해석이 나르시시즘의 치료를 위한 방법이다.

》 인지행동 이론, 자기애적

성격의 인지도식

서두에 언급한 것처럼 인지행동적 이론은 인지적인 특성을 이해하고 왜곡된 생각과 행동을 수정하고자 한다. 즉 한 개인이 어떤 생각을 갖고 있는지에 따라 그의 행동과 감정이 달라진다는 것이다. 같은 환경에서 태어나고 자란 형제들이 모두 같은 성격은 아닌 것처럼 우리는 같은 자극에도 사람마다 다르게 해석하는 경우를 목격하게 된다.

상사가 아침에 인사를 받지 않고 지나갔을 때 어떤 사람은 '내가 뭘 잘못했나?'라고 생각하며 불안해하는 반면, 또 다른 사람은 '못 보았나 보다'라고 생각하며 특별한 감정을 느끼지 않고 지나갈 수 있다. 이때 자동적으로 떠오르는 생각들은 오랜 세월 동안 형성된 사고의 틀에 따라 결정된다. 이를 '인지도식(schema)'이라고 한다.

인지도식은 과거 기억들이 저장되면서 나름의 체계적인 구조를 형성하게 된 것이라고 할 수 있다. 그리고 그 기저에는 자기개념을 정의하는 핵심적인 믿음이 있는데, 이를 '핵심신념'이라고 부른다. 결국 핵심신념과 의미를 같이 하는 여러 구체적인 내용들이 인지도식을 채우게 된다. 예를 들어 핵심신념이 '나는 가치 있는 존재다'라면 인지도식에서는 '나는 사람들에게 호감을 준다' '나는 음악을 감상하는 면에서 유능하다' 등의 내용들이 쭉 담겨 있게 되는 것이다.[34]

이 같은 측면에서 자기애적 성격은 어떻게 설명될 수 있을까? 인지적인 관점에서 볼 때 '남들과 구별되는 탁월한 성공을 이루지 못한다면 나는 하찮고 무가치하다'라는 믿음은 자기애적 정

신병리의 핵심적인 특징이다.[35]

열등함과 무가치함의 믿음이 핵심인 이들은 주로 자존감이 위협을 당하는 상황에서 발끈하거나 급격히 우울해진다. 반대로 본인이 남들보다 우월하다는 것에 대해 보상받고 싶은 마음이 행동으로 드러나게 된다.

인지행동 이론가인 아론 벡(Aaron Beck)은 자기애성 성격장애자의 인지도식을 다음과 같이 정리하고 있다.[36]

- 나는 매우 특별한 사람이다.
- 나는 너무나 우월하기 때문에 특별한 대우를 받고 특권을 누릴 자격이 있다.
- 나는 다른 사람들에게 적용되는 규칙을 따를 필요가 없다.
- 인정·칭찬·존경을 받는 것은 매우 중요한 일이다.
- 다른 사람들이 내 위치를 존중하지 않으면, 그 사람들은 벌을 받아야 한다.
- 다른 사람들은 나의 욕구를 충족시켜주어야 한다.
- 다른 사람들은 내가 얼마나 특별한지를 인정해야 한다.
- 내가 마땅한 존경을 받지 못하거나 내가 누릴 자격이 있는 것을 얻지 못한다는 것은 참을 수 없는 일이다.
- 다른 사람들은 그들이 가진 부나 명예를 가질 자격이 없다.

- 사람들은 나를 비판할 권리가 없다.

- 어느 누구의 욕구도 내 것을 침해할 수 없다.

- 나는 너무나 재능이 많기 때문에 사람들이 나를 능가하려
  면 비상한 노력을 해야만 할 것이다.

- 나 정도로 훌륭한 사람만이 나를 이해할 수 있다.

- 내가 굉장하고 훌륭한 것을 기대하는 것은 당연하다.

자기애적 성격의 사람들이 늘 위와 같은 생각을 하고 사는 것은 아니다. 다만 이런 신념이 마음속 깊이 자리 잡고 있어서 생각에 영향을 준다는 것이다. 살펴보면 대부분 비현실적이고 왜곡된 것이다. 이들이 당연하다고 생각하는 이런 신념들에 의해 자기중심적인 행동을 할 때 주변사람들에게 불쾌감을 주고 갈등을 초래하게 된다.

» 인지적
오류

상황을 해석하는 것에는 인지도식이 영향을 준다. 그리고 더불어 각자의 독특한 사고방식이 영향을 끼치는데 그것이 부적응적

일 때 '인지적 오류(Cognitivebiases)'라고 부른다.

나르시시스트들이 주로 범하는 인지적 오류에는 '개인화(personalization)의 오류' '파국적 해석(catastrophizing)의 오류' '이분법적 사고의 오류' 등이 있다.[37]

개인화의 오류는 타인의 언행을 자신과 관련된 것으로 지나치게 해석하는 것이다. 대인관계에서 과민한 내현적 자기애자는 끊임없이 주변사람들의 눈치를 살피며 자신에 대해 이야기하는 것은 아닌지 생각할 수 있다.

파국적 해석의 오류는 나르시시스트의 분노표출과 연관되는데, 사소한 말이나 작은 단서도 자신을 '공격'하는 것으로, 특히 자신의 '행동'이 아닌 '자기자신 전체'를 공격하고 비난하는 것으로 극단적인 해석을 하는 것이다. 공격으로 해석하기 때문에 이들은 쉽게 분노하며 맞서려 한다.

이분법적 사고의 오류는 누군가 자신을 한번 비난하면 '나의 적'으로 간주하고, 한번 잘해주면 '나의 편'으로 간주하는 것이다. 상대방을 이상화하며 추켜세웠다가 순식간에 무시하고 평가절하하는 양극단의 관계양상을 보았을 때, 이러한 이분법적 사고 역시 자기애적 성향의 사람들에게서 흔히 볼 수 있는 특성이라 할 수 있다.

이러한 나르시시스트들의 인지적 특성은 어린 시절의 경험에 의해 형성된다. 인지행동 이론에서 어린 시절의 경험, 부모와 자녀 관계의 중요성을 말하는 것은 정신역동 이론과 비슷해보이지만, 그 이면의 해석은 다르다.

　첫 번째로 부모가 아이를 어린 시절부터 특별한 존재로 떠받드는 경우 자기애적 성격이 형성될 수 있다고 말한다. 하나밖에 없는 아이, 혹은 장남이나 장녀로서 주목받았던 아이였을 수도 있다. 이들에게 보내는 부모의 각별한 찬사는 '나는 특별한 존재다'라는 인지도식을 만들어 특별한 존재로 인정받지 못하면, 좌절하고 분노하고 무너진다.

　반대로 어린 시절부터 부모나 주변사람들로부터 인정받지 못하고 거부나 따돌림을 받은 경우에도 자기애적 성향으로 발전할 수 있다. 이유 없이 학대를 당하는 경우, 부모 자신의 문제로 자녀를 때리거나 다른 형제와 비교하며 무시하는 경우 등을 반복적으로 경험하면 열등감과 무가치감이 핵심신념으로 자리 잡게 되는 것이다. 동시에 부당한 처벌에 대한 분노도 느끼게 되면서 '나도 더 나은 특별한 존재가 되어 그들에게 복수하겠다'는 생각에 집착하게 될 수 있다.

열악한 환경에서 태어난 사람이 치열하게 위기를 극복하며 사회적인 성공을 이루었을 때 어느 순간 자신의 긍정적인 측면에 도취되어 부정적인 측면을 무시할 수 있다. 한편 그가 당한 폭력들(가난·무시·체벌 등)에 대해 무의식적으로 복수하고자 할 때 스스로를 과대평가하며 무자비한 사람이 될 수도 있다.

》 인지적 오류를 깨닫고
   인지도식을 수정하기

경험에 의해 축적된 인지도식이 인지적 오류와 함께 부적응 행동을 낳는다는 인지행동적 이론에서는 문제가 되는 부분, 즉 생각을 수정해 행동을 변화시키고자 한다.

평소 당연하게 치부했던 것들이 얼마나 비현실적인 것인지, 얼마나 과장된 것인지를 합리적으로 반박하고 수정하게 한다. 자동적으로 떠오르는 생각들, 그로 인해 상대에게 피해를 주거나 자신을 고립시켰던 상황들을 탐색하고 변화의 동기를 찾는다. 이 과정에서 자신에게 혹은 타인에게 보다 현실적인 기대를 하게 되고, 자신의 습관과 감정을 통제할 수 있는 힘을 기르게 된다.

일상 속에서 발견되는 나르시시즘 증후군:
나르시시즘으로 인한 또 다른 마음의 병

폭식증·강박증·사회공포증 등은 자기애성 성격과 어느 정도 연관이 있어 보인다.
다만 여기서 언급하는 증상들이 꼭 자기애적 성격 때문이라는 것은 아님을 밝혀둔다.

우리는 몸에 어떤 증상을 발견하면 그 원인을 알고 치료하기 위해 병원을 찾는다. 마음의 병도 마찬가지다. 처음부터 '나는 자기애성 성격장애입니다'라고 상담실을 찾아와 심리치료를 원하는 사람은 없다. 특히 자기애적인 성향이라면 문제의 탓을 밖으로 돌리려고 하기 때문에 스스로를 돌아보고 상담을 받고자 하는 경우는 드물다.

그럼에도 불구하고 지나친 자기몰두로 인해 생기는 증상들은 다양하다. 과대한 자기상에 대해 인정받지 못할 때, 상대방을 공감하지 못해 생기는 관계갈등 등의 상황이 자기애적인 성향의 사람들을 고통스럽게 하고, 그로 인한 이상증상을 보일 수 있게 되는 것이다.

그렇다고 해서 어떤 증상이 명확히 자기애적 성격성향 때문이라고 단정할 수는 없다. 감기에 걸렸을 때도 마찬가지일 것이다. 내 몸의 면역체계에 이상이 생겨 그런 것인지, 환경의 영향으로 그런 것인지, 아니면 둘 다인지 답을 내리기 어려운 것처럼 말이다.

우리는 그저 우리가 변화시킬 수 있는 것에 집중할 뿐이다. 기침하는 게 불편해서 기침을 멎게 하는 약을 먹고, 콧물을 멈추기 위해 코감기 약을 먹는 것처럼 때론 성격 자체를 변화시키는 것이 어려워 그로 인한 또 다른 증상에 초점을 맞추어야 할 때도 있다.

다음 페이지에 자기애적 성격과 관련이 있어 보이는 마음의 병에 대해 정리해보았다. 일상에서 흔히 볼 수 있는 사례에서 자기애적 성격과의 연결고리를 찾아 이해해보려는 것이지, 어떤 증상 혹은 질환이 자기애적 성격 때문에 발생하는 것은 아님을 밝혀둔다.

섭식장애로 치료를 받고자 하는 사람들 중 다이어트에 대한 강박적인 생각에 빠져 있는 경우를 보게 된다. 충분히 괜찮은데도 자기신체에 대한 인식이 부정적이다. 혹은 수시로 변화한다. 조금만 살이 찐 것 같으면 어떻게든 빼야 한다는 생각에 조급해지고 자존감이 떨어지는 것 같다. 더 마르고 싶고 더 예뻐지고 싶다. 나아가 남들이 그렇다고 확인해주기를 바란다. 이들은 남들에게 '어떻게 보일까?'라는 주관적인 기준을 두고, 자기신체를 평가하기 때문에 그 평가는 불안정할 수밖에 없다.

이처럼 기본적으로 자기신체에 대한 관심이 지나치다는 면에서 섭식장애는 자기애적이다. 섭식장애는 '신경성 폭식증(한꺼번에 많은 양의 음식을 먹고 토하는 것)'과 '거식증(먹는 것을 거부해 생명에 위협이 되는 것)'을 포함한다. 신체에 대한 인식이 부정적이거나 불안정할 때 폭식과 거식을 반복하는 행위에 빠질 수 있다는 것이다.

한편 폭식증에 시달리는 많은 이들이 어린 시절 어떤 폭력에 속수무책으로 노출된 경험을 토로한다. 이는 주로 양육자에 의한 것인데, 문제는 부모의 문제가 성격장애 수준이라는 것이다.

가끔 우울한 것이 아니라 성격적으로 우울해서 아이를 돌보는 것 자체가 불가능했거나, 이유가 있어서 화를 내는 것이 아니라 공격성을 주체할 수 없어서 아이에게 시도 때도 없이 언어적·신체적 폭력을 가해, 아이는 오랜 시간 동안 상처가 될 상황을 견디게 된다.

편집증적 성격의 아버지는 피해의식에 사로잡혀 딸을 믿지 않고, 아버지의 의심이 지긋지긋했던 딸은, 모든 남성은 아버지와 같을 것이라는 생각에 남자를 믿지 못하게 되기도 한다. 자기애성 성격장애의 부모에게서 자란 아이도 비슷하다. 자기자신을 챙기기에 바쁘고 남들이 자신을 어떻게 평가하는지가 그 무엇보다 중요한 엄마는 아들과 며느리를 도구로 삼아 끝까지 이용하려 든다.

희생자가 되었던 아이는 성인이 되어 자기도 모르게 비슷한 방식으로 자식을 대할 수 있다. 성격장애를 대물림하게 되고 피해자가 곧 가해자가 되는 상황에 처한 사람의 마음은 어떨까? 어느 순간 부모에 대한 원망이 자기자신에게 집중되어 스스로를 공격하는 행동에 빠지게 되지는 않을까? 소화되지 않은 마음의 상처를 안고 살아가는 사람들은 때로 과거를 되돌리기 위해, 삼킨 아픔을 토해내기 위해 폭식을 하는 것 같다.

더불어 사람들에게 내가 어떻게 보여질지 전전긍긍하는 내현적 자기애자의 경우라면 외모에 민감하고, 그만큼 더 먹고 살찌는 상황을 견디지 못해 토하기에 집착하게 되는지도 모른다.

애인과 헤어지면서 모든 일에 대해 자신감이 떨어진 한 여성은 '내 인생에 아무런 희망이 없다'는 생각에 사로잡혀 계획했던 모든 일에서 손을 뗐다. 직장에서도 어느 정도 인정받고 있던 그녀는 공부를 해서 역량을 키우려던 것도, 동호회 활동을 하며 주말을 즐겼던 것도, 건강을 위해 꾸준히 해오던 운동도 모두 놓아 버렸다. 유일하게 하는 것은 잠자고 일어나서 기계적으로 출근하고 퇴근하면 먹고 자는 것이었다. 어떤 날은 출근하기가 너무 힘들었고 해야 하는 과제를 수행하는 것도 피하고만 싶었다.

그럴 때마다 그녀는 무언가를 먹었다. 억지로 해야 하는 것을 해내기 위한 보상처럼 먹었지만 어느 순간 멈출 수가 없었다. 음식의 맛을 느끼는 것도 아니었고 먹는 행위 자체가 마치 자해하는 것과 비슷했다. 그 끔찍한 상황을 겪고 나니 두려워졌다. 내일 만나야 할 사람들이 떠올랐고 돼지 같이 먹고 있는 나를 견딜 수 없어 되돌려 놓고 싶어졌다. 그래서 토를 했다. 시원하고 살 것 같았다. 하루 이틀 비슷한 시간을 보내고 나니 폭식하고 토하는 행위는 마치 어떤 의식처럼 그녀의 일상이 되어버렸다.

첫째, 그녀는 누군가가 자신을 거절한다는 것을 수용할 수 없었다. 이별하는 순간의 좌절을 견딜 수 없어 급격히 우울해졌으며 무언가의 보상이 필요했다. 둘째, 먹는 행위는 잠시나마 그녀에게 삶의 기운을 불어넣었다. 셋째, 그녀는 살아있는 한 예쁘고 마른 여자이고 싶었다. 즉 그녀는 무언가를 상실하고 슬퍼해야 할 순간에 나 자신이 부정당하는 것 같아 우울해졌다. 죽고 싶을 정도의 나락으로 떨어진 그녀는 생존을 위해 먹었고, 그 행위 자체에 강박적으로 매달렸다. 그리고 살아있다면 마르고 예뻐야 하는, 자신만의 기준을 버릴 수 없었다.

그녀는 사람들이 나를 어떻게 보는지, 내 몸이 어떤 상태인지에 대해 지나치게 관심이 많았다. 이러한 생각이 결국은 내 몸이 망가졌을 거라는 불안을 키우고, 되돌리기 위한 의식으로 토하는 것을 선택하게 만들었는지도 모른다. 결국 폭식증 이면의 생각들은 자기애적 성향의 사람들의 생각 흐름과 어느 정도 닮아 있었다.

» 반드시 내가 통제해야만 하는
사람들, 강박증

강박증은 불안한 감정에서 비롯되는 질환이다. 본인의 의지와는 무관하게 어떤 생각이나 장면이 떠올라 불안해지고 그것을 없애기 위해 어떤 행동을 반복하게 될 때 '강박행동'이라고 말한다.

앞서 영화 〈이보다 더 좋을 순 없다〉의 주인공이 강박행동에 매달리는 배경에 대해 언급한 것처럼, 이들은 세상 모든 것에 엄격한 자기판단의 기준을 내세운다. 그리고 그것에서 벗어나는 것을 경멸한다. 어쩌면 불안을 그대로 인식하기에는 그 크기가 감당할 수 없을 만큼 커서 어떻게든 방어하려는 노력인지도 모르겠다. 이처럼 우리가 흔히 말하는 꼼꼼한 사람들은 불안이 높은 사람일 수 있다. 그 이면의 역동이 어떻게 진행되고 있건 간에 강박적인 성향의 사람들은 모든 것을 나의 생각대로 통제하고자 많은 에너지를 쏟는다.

따라서 정해진 시간에 맞추어 계획한 대로 일이 풀리지 않을 때 날카로워지고 분노한다. 때론 지나치게 깔끔하고 도덕적이고자 하며 어떤 면에서는 누구보다 완벽해보인다. 하지만 문제는 더불어 살아가는 세상에서는 항상 정해진 규칙을 따를 수 없다는 것이다. 더구나 그 규칙이 지극히 자기중심적이라 무리하게 따르려고 할 때 누군가는 반드시 피해를 입게 된다.

자기애적 성향의 사람이라면 이러한 누군가의 피해에 흔들리지 않는다. 공감능력이 떨어지는 이들은 누군가가 피해를 입을 수 있다는 생각 자체를 잘하지 못한다. 그저 자기불안이 우선이고 그것을 통제하려는 행동이 자연스러워서 함께 하는 이들이 어떤 불편을 겪을지, 나의 반응에 상처를 입은 것은 아닌지 생각할 수 없다.

이들은 때로 매우 고집스럽게 자기주장을 펼치기 때문에 소통 자체가 어렵다. 마치 벽을 보고 대화하는 것 같다. 얼마나 불안하면 그럴까 싶어 공감이 되다가도, 당위를 내세우는 이들의 주장과 부딪히면 연민을 느끼던 마음이 순식간에 사라진다.

강박적인 행동을 초래했던 불안한 감정 이면에 통제하고자 하는 강한 욕구가 자리하고 있다면? 세상을 내 마음대로 통제할 수 있다는 생각을 포기할 수 없는 것이라면? 이것 역시 자기애적 성격과 관련이 있어 보인다. 나약할 수 있고 초라할 수 있는 인간임을 인정하고 겸손할 수 있다면 매사에 빈틈없이 완벽하게 보이려고 애쓰지 않아도 된다. 더불어 상대방의 실수에도 좀더 유연하게 대처할 수 있다.

예를 들어 운전중에 실수한 상대방을 죽일 듯이 욕을 하는 경우를 생각해보자. 강박적이며 자기애적인 성향을 가진 사람들은 예측할 수 없는 상황에서 크게 당황하고 쉽게 화를 낸다. 당연히 갑자기 끼어든 차에 놀랐을 수도 있다. 자기 생각만 한다고 욕할 수도 있다. 그럼에도 불구하고 당장 사과를 받아야 하고 보복해야겠다는 생각을 갖는 것은 조금 과하다. 상대를 인격적으로 모독하고 비난하는 것도 마찬가지다. '당신은 갑자기 끼어든 적이 없나요?'라고 물으면 이들은 이렇게 대답한다. '나는 그때 그럴 만한 이유가 있었다'고 말이다.

내가 한 행동에는 충분한 이유가 있지만 상대방의 행동은 말도 안 되는 실수이며 남을 무시하는 태도라고 생각하는 것은 무엇을 근거로 하는가? 나의 계획대로 되지 않을 때 특히 인간관계에서 내 생각과 다른 상대방의 말과 행동으로 인해 자주 상처받고 화가 난다면 생각해보자. 내가 너무 강박적으로 어떤 생각에, 혹은 행동에 매달리고 있는 것은 아닌가? 그리고 그 생각은 내가 세상의 중심이어야 한다는, 내 안위가 그 무엇보다 중요하다는 자기애적인 발상은 아니었는지 말이다.

» 가면이 벗겨지는 것에 대한
두려움, 사회공포증

공황장애로 진단받는 많은 사람들 중 특히 '사회공포증(사회불안장애, social anxiety disorder)'을 호소하는 사람들은 자기애적 성향과 관련이 있어 보인다. 사람들과 상호작용하는 사회적인 상황을 두려워하고 이를 회피하려 한다는 것은 '내가 남에게 어떻게 보여질까?'에 대한 걱정이 크다는 것을 의미하기 때문이다.

전문직에 종사하는 E는 최근 학계에서 주목받을 만한 연구성
과를 내고 발표할 기회도 많아졌다. 겉보기에는 누구보다 잘 나
가는 상황이었다. 문제는 사람들 앞에 나서서 발표하는 것에 대
한 공포가 날이 갈수록 심해진다는 것이었다. 학교에 다닐 때만
해도 발표를 곧잘 하고 소수의 사람들 앞에서는 누구보다 말을
잘하기로 소문난 그였다. 어린 시절 반장 한번 못해본 것이 한이
되었던 그는 주목받는 상황을 은근히 즐기기도 했다.

그런데 막상 많은 이들의 이목이 집중되자 두려워졌다. 어느
날인가 나이 어린 후배가 질문을 던진 날, 머릿속이 하얘지면서
아무 말도 못한 이후로 더 심해졌다. 발표할 차례가 되면 숨이 멎
을 것만 같았고, 누군가 그의 상태를 눈치챌까봐 미리 부끄러워
졌다. 피하고 싶은 마음이 커질수록 위축되고 우울해졌다. 그럴
때면 이제까지 잘해왔던 것들도 다 거짓인 것처럼 생각되고, 그
거짓이 만천하에 폭로되는 상상을 하며 잠을 이루지 못하는 날
도 많아졌다.

평소 자기관리가 철저하고 괜찮은 모습만 보이려고 애를 쓸
때, 나도 모르는 사이 어떤 가면 속에 자신의 본모습을 숨기게 된
다. 자기애적 성향의 사람들이 자신감이 넘쳐보이지만 실제 자
존감은 낮을 수 있다는 것은 이 때문이다. 완벽할 수 없다는 것을
인정하지 못해 스스로를 과장하고 그 과장된 모습으로 사랑과

인정을 받고 있을 때, 그들은 진정한 자기와 점점 더 접촉할 수 없고 공허해진다.

그러나 가면은 내가 아니다. 언젠가는 벗겨질 수 있기 때문에 늘 불안할 수밖에 없다. 존재 자체가 무너질까봐 두렵고 나를 사랑했던 사람이 떠날까봐 두렵다. 발표불안이 심해져 호흡곤란까지 겪게 된 E가 반드시 가면을 쓰고 살았다는 것은 아니다. 진실한 관계를 맺지 못하고 남을 속인 채 자존감을 유지했다고 단정 짓는 것도 아니다.

사실이 어떻든 간에 그는 스스로 가면을 쓰고 살았다고 느낀다. 그리고 그만큼 무언가를 감추기 위해 애를 썼는지도 모른다. 그는 어떤 계기로 쉽게 성공하는 사람들의 신화에 현혹되었는지도 모르겠다. 생각보다 본인은 너무 애를 써야 했고 그것 자체가 부끄러웠는지도 모른다. 그렇다면 그는 자기이상에 못 미치는 지적능력을 감추고 싶었을까? 노력해서 얻은 결과물이 썩 마음에 차지 않았을 수도 있다. 뭔가 더 완벽하게 알고 설명할 수 있어야 하는데 잘되지 않아 속상할 수도 있다.

그럼에도 불구하고 이 부분은 모르겠다고 인정하기에는 자존심이 너무 상했는지도 모른다. 끝까지 아는 척하고 싶고 동시에 그렇게 할 수 없다는 생각이 불안을 키웠다면 어떨까? 불안을 낮추기 위해서는 스스로 알지 못한다는 것을 인정해야만 한다. '알지 못함'은 그 자체로 비난받아 마땅한 것이 아니다. 오히려 거기서부터 시작할 때 우리는 알게 된다. 알지 못함을 인정해야 알 수 있는 것이 생기는 것이다. 반면 알지 못하는 것을 아는 척할 때 정말 알 수 있는 기회는 사라지고 계속 모르는 채로 불안할 수밖에 없는 것이다.

가면을 의도적으로 썼건 가면을 쓴 느낌이건, 괜찮은 척 지나치게 애쓰고 살았다면 공포스러운 상황에서 잠시 멈추어보자. 증상은 내가 나에게 보내는 경고일 수 있다. 혹은 이렇게 계속 살수는 없다는 눈물겨운 호소인지도 모른다. 우리는 왜 사는가? 경쟁에서 이기고 남들보다 잘난 것이 어떤 의미가 있는 것인지. 나도 모르게 세뇌된 어떤 가치들이, 나대로 살지 못하게 막는 그 모든 규율들이 과연 내 삶에 그토록 중요한 것인가?

우리는 왜 사는가?
나도 모르게 세뇌된 어떤 가치들이,
나대로 살지 못하게 막는 모든 규율들이
과연 내 삶에 그토록 중요한 것인가?

1. 현대 심리학계에서는 더 이상 동성애를 병리현상으로 설명하지 않는다.

2. 『나르시시즘(Narcissism)』(제레미 홈즈, 유원기 역, 이제이북스, 2002)

3. '공감의 실패에 대한 공감'을 말하며 공감을 통해 자기애성 성격을 치유하려 했던 현대정신분석학의 대가

4. 『경계선 장애와 병리적 나르시시즘 (Borderline Conditions and Pathological Narcissism)』(오토 컨버그, 윤순임 역, 학지사, 2008)

5. 『정신분석용어사전(Psychoanalytic terms & concepts)』(미국정신분석학회, 이재훈 역, 한국심리치료연구소, 2002)

6. 『알아차림, 대화 그리고 과정-게슈탈트 치료에 대한 이론적 고찰(Awareness, Dialogue and Process: Essays on Gestalt Therapy)』(게리 욘테프, 김정규 · 김영주 · 심영아 공역, 학지사, 2008)

7. 『칼 로저스의 사람-중심 상담(A Way of Being)』(칼 로저스, 오제은 역, 학지사, 2007)

8. 『자기애성 성격장애』(권석만, 한수정, 학지사, 2000)

9. 『실존주의 심리치료(Existential Psychotherapy)』(어빈 얄롬, 임경수 역, 학지사, 2007)

10. 『에로스의 종말(The Agony of Eros)』(한병철, 김태환 역, 문학과지성사, 2015)

11. 『쉽게 쓴 자기심리학』(최영민, 학지사, 2011)

12. 『쉽게 쓴 자기심리학』(최영민, 학지사, 2011)

13. 『알아차림, 대화 그리고 과정-게슈탈트 치료에 대한 이론적 고찰(Awareness, Dialogue and Process: Essays on Gestalt Therapy)』(게리 욘테프, 김정규·김영주· 심영아 공역, 학지사, 2008)

14. 『정신분석학적 대상관계이론(Object Relations in Psychoanalytic Theory)』(제이 그린버그·스테판 밋첼, 이재훈 역, 한국심리치료연구소, 1999)

15. 『정신분석학적 대상관계이론(Object Relations in Psychoanalytic Theory)』(제이 그린버그·스테판 밋첼, 이재훈 역, 한국심리치료연구소, 1999)

16. 『천 일의 눈맞춤』(이승욱, 휴(休), 2016)

17. 파트리크 쥐스킨트 『콘트라베이스(Der Kontrabass)』(유혜자 역, 열린책들, 2000)

18. 『알아차림, 대화 그리고 과정-게슈탈트 치료에 대한 이론적 고찰(Awareness, Dialogue and Process: Essays on Gestalt Therapy)』(게리 욘테프, 김정규·김영주· 심영아 공역, 학지사, 2008)

19. 『실존주의 심리치료(Existential Psychotherapy)』(어빈 얄롬, 임경수 역, 학지사, 2007)

20. 『실존주의 심리치료(Existential Psychotherapy)』(어빈 얄롬, 임경수 역, 학지사, 2007)

21. 윤희기 『정신분석학의 근본 개념』(지그문트 프로이트, 박찬부 역, 열린책들, 2004)

22. 윤희기 『정신분석학의 근본 개념』(지그문트 프로이트, 박찬부 역, 열린책들, 2004)

23. 『성격장애의 인지치료(Cognitive Therapy of Personality Disorders)』(아론 벡·아서 프리먼·데니스 데이비드, 민병배, 유성진 공역, 학지사, 2008)

24. 『알아차림, 대화 그리고 과정-게슈탈트 치료에 대한 이론적 고찰(Awareness, Dialogue and Process: Essays on Gestalt Therapy)』(게리 욘테프, 김정규·김영주·심영아 공역, 학지사, 2008)

25. 『자아를 잃어버린 현대인(Man's Search for Himself)』(롤로 메이, 백상창 역, 문예출판사, 2015)

26. 『힘 빼기의 기술』(김하나, 시공사, 2017)

27. 『힘 빼기의 기술』(김하나, 시공사, 2017)

28. 『자기애성 성격장애』(권석만·한수정, 학지사, 2000)

29. 프로이트가 리비도(성적욕구)의 발달과 퇴행 이론 속에서 사용한 개념. 발달단계에서 리비도의 만족이 곤란하게 되면 욕구좌절이 생겨 퇴행이 일어나는데, 이때 발달단계의 어느 시점으로 되돌아가느냐를 결정하는 요인을 '고착'이라고 말한다.

30. 『리딩 프로이트(Lire Freud)』(장 미셸 키노도즈, PIP정신분석연구소 역, NUN, 2011)

31. 『리딩 프로이트(Lire Freud)』(장 미셸 키노도즈, PIP정신분석연구소 역, NUN, 2011)

32. 『리딩 프로이트(Lire Freud)』(장 미셸 키노도즈, PIP정신분석연구소 역, NUN, 2011)

33. 『정신분석적 진단(Psychoanalytic Diagnosis)』(낸시 맥윌리엄스, 정남운·이기련 공역, 학지사, 2008)

34. 『자기애성 성격장애』(권석만, 한수정, 학지사, 2000)

35. 『성격장애의 인지치료(Cognitive Therapy of Personality Disorders)』(아론 벡·아서 프리먼 · 데니스 데이비드, 민병배, 유성진 공역, 학지사, 2008)

36. 『자기애성 성격장애』(권석만, 한수정, 학지사, 2000)

37. 『자기애성 성격장애』(권석만, 한수정, 학지사, 2000)

『나를 행복하게 하는 자기사랑의 기술』
저자와의 인터뷰

Q. 『나를 행복하게 하는 자기사랑의 기술』를 소개해주시고, 이 책을 통해 독자들에게 전하고 싶은 메시지가 무엇인지 말씀해주세요.

A. 이 책은 현대사회의 주된 문제로 불리는 '나르시시즘'에 대해 상담심리학의 입장에서 설명하는 책입니다. 최근 우리사회는 서로를 공감하지 못해 발생하는 여러 가지 문제들로 곪아 있어요. 사람들은 너무 쉽게 분노하고 이것이 때론 끔찍한 범죄로 이어지기도 합니다. 아마 상대방의 고통을 느낄 수 있다면 그렇게 잔인한 일은 벌어지지 않을지도 모르죠. 이는 개인의 능력과 성취가 강조되는 사회환경의 영향을 받는 것 같습니다. 물론 기질적으로 공감능력이 떨어지는 사람도 있습니다. 다만 이 책에

서는 모두가 자기몰두와 자기사랑에 빠져 남을 배려하지 못하는 상황에 처할 수 있다는 것을 가정합니다. 즉 '나르시시스트'라고 불리는 사람들을 좀더 공감적으로 바라보고자 합니다. 우리가 보통 나르시시스트라고 말하는 사람들은 거만하고 이기적이며 거침없이 행동합니다. 반면 겉보기에는 수줍고 겸손하지만 스스로에 대한 지나친 기대와 환상 등에 사로잡혀 그럴듯한 가면에 기대 공허한 삶을 살아가는 사람들 역시 자기애적이라고 말합니다. 이 책에서는 크게 이 2가지 유형의 자기애적 성향을 상담사례, 영화 속 인물 등을 통해 소개하고 그 이론적인 배경을 알기 쉽게 풀어내고자 했습니다. 나아가 스스로 자기애적인 측면을 발견했을 경우 어떻게 치유하고 성장할 수 있는지에 대한 팁도 함께 소개했습니다.

Q. '나르시시즘'이란 무엇인지 자세한 설명 부탁드립니다.

A. '나르시시즘'이란 자기를 지나치게 사랑해서 병이 되는 현상을 말합니다. 19세기 후반 한 성의학자가 나르키소스의 신화를 인용하면서 알려진 용어인데요, 이기적인 나르키소스는 물가에서 물을 마시려던 중 자기자신의 모습을 깊이 사랑하게 되고, 결국 물에 빠져 죽게 된다는 이야기입니다. 이후 나르시시즘은 옥스퍼드 영어사전에서 '병적인 자기사랑 또는 자기감탄'으로 정의하고 있습니다.

A. 자존감과 나르시시즘은 정반대의 개념으로 볼 수도 있습니다. '나를 사랑하는 마음'이라고도 말하는 자존감은 있는 그대로의 나를 수용하는 마음에서 시작됩니다. 반면 '지나치게 나를 사랑하는' 나르시시즘은 자기를 있는 그대로 보지 못하고 과대평가하며 그럴듯하게 보이려고 애씁니다. 언제나 지나친 것 이면에는 문제가 있기 마련인 것처럼, 지나치게 자기를 사랑하며 자기 안에 집착하는 것은 자연스럽게 자기를 사랑하지 못하기 때문인지도 모릅니다. 자존감이 높은 사람들은 타인의 평가에 쉽게 흔들리지 않지만, 나르시시즘에 빠진 사람들은 외부의 평가에 예민해 화를 내거나 지나치게 불안해 하는 등 쉽게 흔들립니다. 이 책에서도 언급한 것처럼 자존감의 문제는 자기애적 성격의 이해에 있어서도 중요해보입니다. 정리하자면 자존감은 건강한 자기사랑으로, 나르시시즘은 왜곡된 자기사랑으로 볼 수 있습니다.

A. 성격의 형성이나 심리적 증상에 대해 상담심리학에서는 타고난 기질과 더불어 환경의 영향을 고려합니다. 나르시시즘 역시

태어나고 자란 환경이 영향을 주었을 수 있습니다. 특히 양육자와의 상호작용에서 너무 좌절 없이 왕처럼 군림했거나 반대로 너무 큰 좌절로 충격을 받았을 때를 가정해볼 수 있겠는데요, 전자는 완벽하게 맞추어주는 양육자의 태도로 인해 그렇지 않은 상황을 수용하기가 점점 더 어려워집니다. 나아가 스스로 무언가를 해보고 성취감을 느끼며 그 과정에서의 좌절을 잘 견뎌나가는 기회를 잃게 된다는 것이 문제가 됩니다. 자존감이 자랄 수 없게 되는 것이죠. 반대로 너무 큰 좌절을 겪었거나 사랑받은 경험이 없는 후자의 경우는 누군가를 사랑하는 방법을 배울 기회를 잃게 됩니다. 어떻게든 없는 자원으로 홀로 살아남아야 했던 그들은 치열한 경쟁에서 살아남기 위해 상대를 공격하고 스스로 보호하는 방식을 터득하는 것 같습니다.

일상에서 꼭 자기애성 성격장애까지는 아니더라도, 다양한 경우에 나르시시즘의 흔적을 찾아볼 수 있습니다. 자기의 성과를 과대포장하며 인정에 집착하는 경우, 성과를 내지 못하고 인정받지 못할 때 우울증에 걸린 것처럼 깊은 우울감에 빠집니다. 때론 겉모습에 집착하며 과도한 다이어트로 먹는 것을 거부할 수도 있고, 불안한 마음을 감추기 위해 강박적인 행동에 집착하기도 하죠. 혹은 언제나 남들보다 뛰어나야 하기 때문에 사람들의 평가가 두려워 사람들과 함께 있는 상황 자체에서 눈에 띄는 불안반응을 보일 수도 있습니다. 이 모든 증상들은 그

럴듯한 가면 속에 취약한 자기가 숨어 있다고 생각하며 그것을
감추려고 할 때 생기게 됩니다.

Q. 불안과 분노가 이 시대의 주요정서고, '묻지마 범죄'와 같은 일들이 늘
어나고 있습니다. 이런 현상들은 '나르시시즘'과 어떤 관계가 있나요?

A. 나르시시즘을 '지나친 자기사랑으로 인해 타인을 공감하지 못
하고 자기 안에 몰두해 있는 것'이라고 정의할 때 여러 가지 사
회문제와 관련해서 이해해볼 수 있습니다. 끔찍한 범죄를 아무
렇지 않게 저지를 수 있는 건 상대방의 고통에 공감할 수 없기
에 가능한 일입니다. 또 '내가 어떻게 보일까?'에 예민해질 때
사람들 앞에서 극도로 두려워하고 죽을 것 같은 공포를 느끼
게 되죠. 따라서 '분노조절장애'란 이름의 병이 생기고 '공황장
애'로 많은 이들이 고통을 호소하는 것은 공감하지 못하고 자
기 안에 갇혀 있는 나르시시즘과 무관하지 않다고 생각됩니다.

Q. '나르시시즘'을 지나친 자기사랑은 결국 자기를 사랑하지 못하는 데서
비롯되는 마음의 병이라고 하셨습니다. 무슨 의미인지 자세한 설명 부
탁드립니다.

A. 때로 자기애적인 성향의 사람들은 스스로 자존감이 높다고 말
합니다. 그러나 이는 자존감의 뜻을 잘못 이해하고 있는 것입
니다. 자존감이 높은 사람들은 실패하면 한동안 실망하고 성공

하면 뿌듯해 하지만 그로 인해 자기존재감이 흔들릴 정도의 타격을 받지는 않습니다. 즉 외부의 평가나 경험에 쉽게 흔들리지 않는 자기평가가 존재하는 것이죠. 이것이 가능하려면 나의 부족한 모습마저 잘 알고 인정할 수 있어야 합니다. 반면 자기애적인 사람들은 '자존심'을 세우려 애를 씁니다. 자존심이란, 자존감과는 달리 타인으로부터 존중받고자 하는 마음으로 흔히 '자존심이 상한다' 혹은 '자존심을 세운다'라고 표현합니다. 자존감이 높다면 굳이 자존심을 세우지 않아도 괜찮습니다. 따라서 쉽게 자존심이 상하며 지나치게 자기를 내세우고 과대포장된 스스로에게 집착하고 있다는 것은, 있는 그대로의 나를 사랑할 수 없기 때문인지도 모릅니다. 이 같은 측면에서 '나르시시즘은 자기를 사랑하지 못하는 데서 비롯되는 마음의 병'이라고 설명했습니다.

Q. 나르시시즘의 증상을 체크하고 극복하는 방법이 있다면 말씀해주세요.

A. 다양한 심리검사를 통해 자기애적인 성향을 체크해볼 수 있습니다. 사람들을 조종하려 하는지, 주목받는 것을 좋아하는지, 특별하다고 생각하는지 등의 특성과 더불어 스스로의 능력에 대해 얼마나 자신감을 갖고 있는지 등을 통해 자기애적 성격성향이 강한지 혹은 건강한 자기애를 지니고 있는지 등을 측정해볼 수 있습니다. 오랫동안 형성된 성격의 일부라면 더 극복하

기 어렵겠지만, 내가 소중하고 내가 능력이 있는 것처럼 남도 그럴 수 있고 인정받아 마땅하다는 것을 생각해보면 좋겠습니다. 각자 소중하기 때문에 내가 '더' 사랑받아야 할 이유는 없는 것이죠. 관계에서 상대방을 좀더 공감할 수 있고 좀덜 소외되면 적당히 화를 내고 적당히 불안해하며 함께 견딜 수 있지 않을까 생각합니다.

Q. 나르시시스트를 둔 가족이나 지인들은 어떻게 대해야 하고, 행동해야 하는지요?

A. 2가지 방법을 함께 고려하면 좋겠습니다. 우선 내가 너무 상처를 받으면 상황을 객관적으로 살피고 해결하기가 힘들어집니다. 따라서 나를 보호하는 것이 일차적으로 필요합니다. 상대가 화를 낼 때 그걸 온전히 받아들이는 것이 아니라 반사하는 것이죠. 가족이라면, 특히 나보다 권위가 있는 부모라면 분노를 온전히 받아들이고 괴로워하는 경우가 많습니다. 함께 살아야 하고 도움을 받아야 하기 때문이죠. 이때 상담자 같이 누군가 의지할 수 있는 사람에게 아픔을 토로하고 회복하는 시간이 필요할 수도 있습니다. 그렇게 힘이 생기면 더이상 내게 화를 내지 못하게, 나를 이용하지 못하게 자기주장을 말해야 합니다. 더불어 사랑하는 사람이라면 좀더 인내심을 갖고 약한 측면이 드러날 때 깊이 공감해줄 수 있으면 좋겠습니다. 그럴듯한

면을 칭찬하는 방식으로 그를 따르는 것이 아니라, 우울하고 침체되어 있는 그를 부드럽게 안아주는 것이죠. 약한 나를 감추기 위해 애를 쓰는 나르시시스트는 어쩌면 그것이 드러나면 버림받을까봐 두려운 것인지도 모릅니다. 그 불안한 마음을 알아주고 그럼에도 불구하고 사랑할 때, 그와 같은 방식으로 그를 이용하지 않으며 순수한 마음을 표현해줄 때 얼어붙었던 마음이 녹아내릴 수 있고 스스로를 변화시키려고 노력할 것 입니다.

Q. '혹시 나도 나르시시스트가 아닐까'라는 생각이 드는 독자들에게 대표적인 체크방법을 설명 부탁드립니다.

A. PART 1에 6가지의 사례를 들어 정리했는데요, 하나하나에 자신의 모습을 대입해보면 어떨까요? 친구와 대화할 때 늘 내가 더 많은 이야기를 하고 상대방의 말을 잘 듣지 못하는지, 내게 피해가 되는 상황을 견딜 수가 없어 누군가 혹은 무언가를 비난하는 일이 일상적인지, '나는 그 누구보다 특별하다'란 생각에 상대방을 배려하지 못한 채 화를 내는지, 수치심을 잘 느끼고 쉽게 우울해지며 내 안이 텅 빈 것 같은 공허감을 자주 느끼는지 등 생활 속에서 내가 주로 느끼는 감정과 그에 따른 나의 행동들을 제3자의 입장에서 관찰해보면 내가 어느 정도 자기애적인 성향을 갖고 있는지 알 수 있습니다. 우리는 누구나 행복하게 살기를 원합니다. 그리고 그런 행복은 나 혼자서 이룰

수 있는 것이 결코 아닙니다. 누군가와 진심으로 소통할 수 있고 때론 의지할 수 있을 때 우리는 더 많은 행복의 기회를 잡게 되는지도 모릅니다. 자기애적인 사람도 행복을 추구한다고 할 때, 나의 성향으로 인해 누군가에게 상처를 주고 나아가 사랑하는 사람을 놓치게 된다면 결코 자신이 원하는 삶을 살 수 없을 것입니다. 이것을 알고 변화의 동기를 찾는 것, 이 책을 통해 스스로를 공감하고 한 발 앞으로 나아갈 수 있기를 바랍니다.

스마트폰에서 이 QR코드를 읽으시면
저자 인터뷰 동영상을 보실 수 있습니다.

누군가와 진심으로 소통할 수 있고
때론 의지할 수 있을 때
우리는 더 많은 행복의 기회를
잡게 되는지도 모릅니다.

난생 처음 클래식을 제대로 공부하다
5일 만에 끝내는 클래식 음악사
김태용 지음 | 값 16,000원

클래식에 관심은 갔지만 왠지 다가가기 어려웠다면 이 책을 읽어보자. 국제적 권위의 영국 클래식 저널 『the Strad』 및 『International Piano』 코리아 매거진의 클래식 음악 전문기자와 상임 에디터를 역임한 저자가 그동안의 경력을 살려 방대한 서양음악사를 흥미롭게 기술했다. 아는 만큼 들리는 클래식 음악, 이제 클래식 음악의 흥미진진한 역사 속으로 떠나보자!

명화와 함께 떠나는 마음 여행
나를 행복하게 하는 그림
이소영 지음 | 값 16,000원

명화와 조금 '더' 친해지기 위한 안내서다. 미술 교육자이자 미술 에세이스트인 저자가 힘들고 지칠 때 큰 위로와 용기를 주었던 그림들을 모아 엮은 책으로, 화가 혹은 명화에 얽힌 역사적 이야기와 개인적인 이야기를 함께 풀어냈다. 명화를 본다는 것은 결국 화가를 만나고, 사람을 만나고, 나의 내면과 만나는 일이다. 이 책을 통해, 그리고 명화를 통해 나를 찾고, 사회를 배우고, 관계를 이해하고, 위로를 받기 바란다.

정신과전문의가 들려주는 마음의 비밀
나는 내 마음과 만나기로 했다
김정수 지음 | 값 15,000원

이 책은 자신의 마음을 완전히 알지 못하는 사람들을 위해 '마음'과 '뇌'의 관계를 쉽게 풀어낸 심리치료서다. 이론과 함께 다양한 심리치료 사례를 적절히 소개해 어려운 내용도 쉽게 이해할 수 있다. 또한 여러 관점으로 인간의 '마음'과 '뇌'를 다루었기 때문에, 정신과의사·심리학자·상담심리사와 같은 전문가 그룹뿐만 아니라 인간의 마음과 정신에 대해 깊이 이해하고자 하는 사람들에게도 큰 도움이 될 것이다.

ACT와 친해지기
꼭 알고 싶은 수용─전념 치료의 모든 것
이선영 지음 | 값 15,000원

이 책은 개인이 느끼는 불안과 고통을 이해하고 극복할 수 있게 도와주는 수용─전념 치료(act)의 전반을 다룬 책이다. 심리학 교수이자 서울 수용과 전념 치료 연구소 소장인 저자는 현장에서의 풍부한 경험과 지식을 바탕으로 치료자와 내담자를 위한 애정 어린 조언을 이 책에 녹여냈다. 과거의 아픔으로 인해 현재의 일상이 흔들리는 현대인이라면 이 책을 꼭 일독하길 바란다.

한 권으로 읽는 정신분석
꼭 알고 싶은 정신분석의 모든 것
이수진 지음 | 값 16,000원

정신분석 전반에 대해 통합적으로 이해할 수 있는 책이다. 한의사이자 미국 공인 정신분석가인 저자는 현장에서 경험한 풍부한 사례를 이 책에 고스란히 녹여내 정신분석이론이 실제 사례에서 어떻게 적용되는지 쉽게 설명함으로써 정신분석이론에 실제적으로 접근할 수 있도록 했다. 심리치료나 정신분석을 공부하고 있는 사람이라면 정신분석의 큰 맥락을 잡는 데 유용한 이 책을 꼭 일독하길 바란다.

받아들임이 가르쳐주는 것들
받아들이면 알게 되는 것들
황선미 지음 | 값 13,000원

이 책은 '지금-여기'가 만족스럽지 않은 사람들을 위해 행복해지기 위한 선택으로 받아들임을 소개한다. 평범한 사람들의 평범한 받아들임을 말하기 때문에 받아들임이 무엇인지, 받아들임이 어떻게 우리의 삶을 변화시킬 수 있는지 등을 공감하며 쉽게 이해할 수 있다. 또한 본문 중간에 체크리스트, 생각해볼 문제, 직접 써볼 수 있는 공간 등을 마련해 독자 스스로 진정한 받아들임의 방법을 배우고 생각해볼 수 있게 했다.

불안한 당신을 위한 심리 처방
불안해도 괜찮아
최주연 지음 | 값 15,000원

불안을 두려워하지 않고 극복하기 위해서는 어떻게 대처해야 하는지 안내해주는 심리치료서다. 이 책은 먼저 불안이 어떤 감정인지 세세히 짚어보며, 왜 우리가 불안 때문에 힘들어하는지를 알아본다. 그다음에는 이러한 불안을 어떻게 다루어야 하는지를 알려준다. 마지막에는 불안을 극복하기 위해서 꼭 필요한 노출 과정을 통해 어떻게 불안을 극복할 수 있는지 살펴보자.

심리학, 이보다 더 쉬울 수 없다!
처음 시작하는 심리학
조영은 지음 | 값 16,000원

80개의 심리학 개념어를 모아 체계적이면서도 쉽고 재미있게 풀어낸 심리학 입문서다. 가장 기본적이고 핵심적인 것들만 엄선해 심리학을 공부하기 시작한 독자들이 탄탄한 기초를 잡을 수 있도록 도와준다. 또 각 이론의 정의와 특징을 단순히 나열하는 것이 아니라 일상생활에서 한 번쯤 경험했을 만한 심리학적 현상, 각각의 이론과 관련된 흥미로운 실험까지 다루어 설명함으로써 누구나 한 번에 이해할 수 있도록 했다.

독자 여러분의
소중한 원고를 기다립니다

소울메이트는 독자 여러분의 소중한 원고를 기다리고 있습니다. 집필을 끝냈거나 혹은 집필중인 원고가 있으신 분은 khg0109@hanmail.net으로 원고의 간단한 기획의도와 개요, 연락처 등과 함께 보내주시면 최대한 빨리 검토한 후에 연락드리겠습니다. 머뭇거리지 마시고 언제라도 소울메이트의 문을 두드리시면 반갑게 맞이하겠습니다.